오늘은
어린이책
4

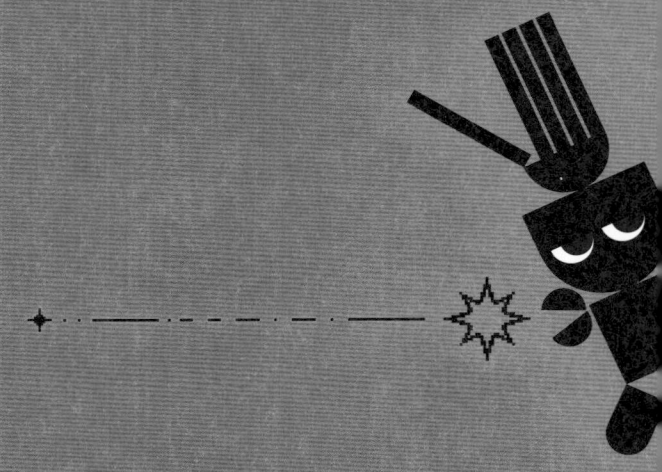

**도서 선정 및 편집 위원**

**김다노** 동화 작가

**김유진** 아동청소년문학 평론가, 동시인

**김지은** 아동청소년문학 평론가, 서울예대 문예학부 교수

**남윤정** 나다움어린이책 기획자

**서현주** 전 초등학교 교사, 성인지감수성 성교육 활동가

**신수진** 어린이책 편집자, 시민교육 활동가

**유지현** 기획자, 책방사춘기 대표

**윤아름** 초등학교 교사, 전교조 성평등특별위원장

**최현경** 어린이책 편집자


# 오늘의 어린이책 4

**발행일** 2025년 4월 10일
**펴낸곳** 오늘나다움
**펴낸이** 남윤정
**편집** 조혜숙
**디자인** 김지은
**제호·캐릭터** 이지선
**인쇄** 명지북프린팅

**출판등록** 2021년 7월 9일 제2021-000028호
**주소** 서울시 마포구 신촌로2길 19 마포출판문화진흥센터 플랫폼P 3층 P21
**전화** 010-7339-7265
**전자우편** oneul.nadaum@gmail.com
**홈페이지** instagram@daoombookclub
**ISBN** 979-11-975580-3-0 03020

이 책의 본문은 을유1945 서체를 사용했습니다.

# 오늘의 어린이책 4

다음
북클럽

> 들어가며

# 다시 만나는 세상에서

남윤정*

　이 책을 준비하는 동안 세상은 몹시 혼란스러웠습니다. 한강 작가의 노벨문학상 수상을 축하하는 열기가 채 식기도 전에 계엄이라는 블랙홀에 빠져 많은 이들이 불면의 밤과 불안한 낮을 보내야 했습니다. 비현실적인 상황 앞에서 그동안 당연했던 일상이 얼마나 소중한 것인지 깨닫는 순간들이었습니다. 앞날을 예견할 수 없는 시간과 공간을 지나며 희망을 전하는 마음으로 『오늘의 어린이책』 4호를 발간합니다.

　이번 4호에는 108종의 어린이·청소년책을 담았습니다. 2019년부터 자기긍정, 다양성, 공존의 가치를 담은 신간 어린이·청소년책을 추천한 이래 올해의 추천 도서들까지 더하면 다움북클럽이 큐레이션한 책은 모두 547종이 됩니다. 주체성, 몸의 이해, 일의 세계, 가족, 사회적 소수자, 표현, 젠더 다양성, 사회적 인정, 안전, 연대라는 열 가지 열쇠말을 기준으로 추천한 새로운 『오늘의 어린이책』 목록을 독자 앞에 선보이게 되어 기쁘고 감사한 마음입니다.

　올해의 특집은 '디지털 시민성'입니다. 미디어와 기술에 익숙한 오늘날의 어린이·청소년들은 이미 디지털 시민이고 디지털 세계의 주인입니다.

---

\* 나다움어린이책 기획자, 『오늘의 어린이책』 펴낸이

그러나 온라인 세상은 안전하지 않고, 디지털 미디어를 통한 어린이·청소년 대상 범죄는 점점 진화하고 있습니다. 이런 시대에 필요한 것은 타인과 조화롭게 소통하고 나를 지킬 수 있는 건강한 디지털 시민 의식입니다. 그래서 우리는 어린이와 청소년을 위한 디지털 시민성과 디지털 리터러시 제안을 향한 발걸음을 떼어 보기로 하고 연구자와 현장의 목소리를 폭넓게 담았습니다.

문화평론가 손희정은 「여성을 괴롭히는 문화, 남성은 물론 민주주의도 집어삼킨다」에서 디지털 성범죄에 깊이 박혀 있는 한국 가부장제 문화의 뿌리를 짚어냈습니다. 한국여성정책연구원의 김애라는 「기술매개 성폭력의 이해」라는 글에서 성폭력의 판단 기준인 음란성이나 수치심을 온라인 성범죄에 그대로 적용하긴 어렵다고 분석하며 새로운 법제화가 필요하다고 일깨웁니다. 정지혜 기자는 학교 현장에서 만났던 딥페이크 가해 학생과 피해 학생에 관한 취재기를, 교사 김뾰성과 다랴는 디지털 시민성과 리터러시 교육을 계획하고 실천한 수업 사례를 전합니다.

이와 함께 그동안 『오늘의 어린이책』 지면에 추천했던 어린이·청소년책 가운데 디지털 세상과 관련된 10여 권의 그림책과 동화, 논픽션을 디지털 리터러시 관점에서 소개하는 신수진의 비평, 성평등 교육권 침해에 맞서

지난 몇 년간 꾸준히 싸워온 시민 활동가 지오의 글, 성교육 현장의 생생한 경험을 전해주는 서현주의 글, 디지털 범죄에 당당하게 맞서는 여성들을 생기 넘치게 표현한 이혜인의 만평을 수록했습니다.

특별히 이번 호에는 그림책 『용을 찾아서』(열린어린이, 2024)로 칼데콧 상을 받은 차호윤 작가의 기고문을 실었습니다. 미국과 한국, 두 문화가 겹치는 세계에서 자라며 경험한 어려움과 배움의 이야기를 담담한 어조로 전하는 작가의 목소리가 그림책과는 또 다른 울림을 줄 것입니다. 그리고 호주 멜버른에서 초등교사 모글리와 윤아름이 만난 『누가 진짜 엄마야?』(원더박스, 2021)의 작가 버나뎃 그린과의 인터뷰에서는 재치와 유머, 우정을 느낄 수 있습니다.

미국 시인 아일린 마일스는 『낭비와 베끼기』(디플롯, 2025)에서 '아이들은 모두 예술가다. 혹은 예술 그 자체다.'(127쪽)라고 말하며 '어렸을 때 중요한 건 자신이 처한 조건을 철저히 이해하는 것일 터다. 아이는 자신이 일할 필요도, 청구서에 적힌 돈을 지불할 필요도 없음을 알고 있고, 모든 것이 새롭기에 어마어마한 해방감을 느낀다'(35쪽)고 말했습니다. 일흔 넘은 대시인이 그리는 어린이의 자유로운 얼굴과 여성 예술가로서 당당하고 치열하게 현재를 살아가는 모습이 겹치며 영감을 불러일으킵니다. 『오늘의 어린이책』의 지향도 그와 다르지 않다고 감히 생각해 봅니다.

 이번 4호에 귀한 원고로 함께해준 여러 필자들에게 감사드립니다. 다움 북클럽의 발걸음을 격려하며 반갑게 맞아주시는 독자분들께도 고개 숙여 인사드립니다. 지난 겨울 우리 모두의 뜨거운 장소였던 거리에서 자주 부르던 노래의 노랫말처럼 '알 수 없는 미래와 벽'이 닥쳐도, 바꿀 수도 포기할 수도 없는 이 세계를 함께하자는 다짐의 말과 함께 『오늘의 어린이책』 4호를 건넵니다. '다시 만난 세계'에서 어린이와 어린이책을 읽는 우리의 연대의 힘을 굳게 믿으며 다음을 향한 발걸음을 또 한 번 내딛습니다.

## 차례

| | | |
|---|---|---|
| 들어가며 | 다시 만나는 세상에서 ··· 남윤정 | 4 |
| 특집 | 여성을 괴롭히는 문화,<br>남성은 물론 민주주의도 집어삼킨다 ··· 손희정 | 10 |
| | 기술매개 성폭력의 이해 ··· 김애라 | 14 |
| | 10대 여성 못 지킨<br>'딥페이크 성폭력' 온상 된 학교 ··· 정지혜 | 19 |
| | 남성 청소년과 함께하는 페미니즘 교육 실천기 ··· 김병성 | 22 |
| | 이미 디지털 세계의 시민인 어린이 ··· 신수진 | 30 |
| 만평 | 꼭꼭 숨어라 ··· 이혜인 | 40 |
| 특별<br>기고 | 저는 제3문화권 아이입니다 ··· 차호윤 | 42 |

| | | | | |
|---|---|---|---|---|
| 인터뷰 | "가시화는 모두에게 중요합니다."  <br>-『누가 진짜 엄마야?』의 작가 버나뎃 그린 ··· 모글리, 윤아름 | | | 47 |
| 나다움 현장 | 지금 우리에게는 성평등 도서가 필요하다! ··· 지오 | | | 57 |
| | 그림책 꾸러미를 들고 성교육 현장으로 ··· 서현주 | | | 66 |
| | 국어 시간에 '퀴어' 그림책 읽기 ··· 다랴 | | | 70 |
| 다움북클럽 추천도서 | 주체성 | 78 | 표현 | 140 |
| | 몸의 이해 | 93 | 젠더 다양성 | 149 |
| | 일의 세계 | 103 | 사회적 인정 | 154 |
| | 가족 | 108 | 안전 | 159 |
| | 사회적 소수자 | 119 | 연대 | 167 |
| 찾아보기 | | | | 187 |

# 여성을 괴롭히는 문화,
# 남성은 물론 한국의 민주주의도 집어삼킨다

손희정*

    2024년에도 내내 웃어넘기기 어려운 일들이 벌어졌다. 사이버 렉카들이 밀양 성폭력 사건 피해자의 동의 없이 가해자의 신상을 폭로하여 피해자를 고통스럽게 했고, 한국인이 가장 좋아하는 유튜버 1위를 차지하기도 했던 쯔양에 대한 성폭력과 공갈, 수익 갈취 사건이 드러났다. 그리고 곧이어 텔레그램을 기반으로 한 딥페이크 대량 제작, 유포 사건이 밝혀졌다. 폭력이 돈이 되는 시장이 확대되는 가운데 가해자 남성의 나이는 점점 어려지는 추세다. 도대체 무슨 일이 벌어지고 있는 것일까? 이 염려스러운 현상에 대한 진단은 다각도로 이루어져야 한다. 한 사회가 두려워해야 마땅한 일의 원인과 결과, 해결이 단순할 리 없다. 나는 언론과 정치권이 이 사건들을 어떻게 다루는지에 주목했다. 특히 딥페이크에 관해서 수많은 이야기가 쏟아져 나왔기 때문에 자세히 들여다 볼 필요가 있었다.

    많은 경우 언론은 딥페이크를 '뭣 모르는 순진한 소년들이 저지른 비행'으로 소개하고 있었다. 예컨대 "아이들의 디지털 놀이터"라는 말을 보자. 한 시사 프로의 진행자가 딥페이크 성범죄를 언급하면서 사용한 표현이다. 디지털이라는 아이들의 놀이터에 딥페이크라는 새로운 장난감이 주어

---

* 문화평론가

지면서 자신도 인식하지 못하는 사이에 범죄까지 저지르게 되었다는 논평이었다. 반은 맞고 반은 틀렸다. 여자의 얼굴, 신체, 이름을 재료 삼아 '가짜'를 만들어 짓밟고 낄낄거리는 행태는 전혀 새롭지 않다. 그런 탓에 언론에서 딥페이크 범죄에 '놀이'란 말을 붙일 때마다 신경이 쓰였다. 아이들 사이에서는 '놀이'일지 몰라도 '놀이'라는 궁어에 반사적으로 떠오르는 '순진함'이라는 이미지가 문제다. "(딥페이크가) 범죄인 줄 모르는 10대, 20대 남성"이라는 게으른 설명으로 이어지기 때문이다. 이런 인식과 태도는 딥페이크 성범죄를 키운 문화적 뿌리를 지우고 새로운 테크놀로지만 탓하게 만든다.

물론 딥페이크 기술이 범죄로 이어지는 경로는 제대로 제재되어야 한다. 하지만 그것만으로는 충분치 않다. 이 신기술을 갖고 논 '아이들' 대부분은 딥페이크 생산과 유통이 불법임을 알고 있고, 설사 몰랐다고 해도 이 행위가 피해자의 존엄을 짓밟고 모욕하는 일이라는 걸 정확하게 이해하고 있다. 바로 그것이 '디지털 놀이터'에서 오래도록 진행되어 온 '여자를 괴롭히는 놀이'의 핵심이니까 말이다. 애초에 딥페이크의 이름은 '지인 능욕 사진 합성'이었다. 딥페이크 성폭력은 방대한 여성혐오 시장의 네트워크에서 탄생하고, 그 안에서 수익 구조를 만들면서 산업화됐다. 이 네트워크는 '악플 문화—여성에 대한 능욕, 멸시, 괴롭힘이 자원과 돈이 되는 시장—사이버 렉카—여성을 착취하는 포르노그라피 산업—N번방, 딥페이크—디지털 교도소—불법 도박 사이트—사채시장—마약시장'으로 이루어져 있다. 그리고 남초 커뮤니티와 연동되어 있는 일부 정치인들이 '구조적인 성차별은 없다'와 같은 발언으로 이런 네트워크의 성장을 방조했다.

여기서 성격은 조금 다르지만 한국 사회가 좀 더 주목해야 하는 것이 디지털 교도소다. 2020년 3월에 밝혀진 N번방 사건과 7월의 손정우(아동성착취물 사이트 '웰컴투비디오' 운영자) 미국 송환 불발에 대한 분노와 함께 빠르게 성장한 디지털 교도소는 N번방 피의자들의 신상을 SNS에서 공개하면서 주목을 끌기 시작했다. 이후 별도의 사이트를 운영하며 N번방 외에도 성범죄자나 아동학대범 등의 신상을 공개했고, 그렇게 이슈의 중심이 되었다. 디지털 교도소의 활동은 불법적이었지만 한동안 '초법적'으로 받아들여졌다. 심지어 무고한 피해자가 자살을 하기까지 했는데도 사람들은 디지털 교도소를 쉽게 비판하지 못했다. 자신의 사촌동생이 N번방의 피해자라며 "대한민국의 악성 범죄자에 대한 관대한 처벌에 한계를 느끼고, 이들의 신상 정보를 직접 공개하여 사회적 심판을 받게 하려 한다"고 밝힌 디지털 교도소 운영자의 말을 어떻게 판단해야 할지 혼란스러웠기 때문이다.

그런데 정의의 사도인 양 영웅놀이를 하던 그가 실은 온라인 마약 판매상이자 N번방 운영자였음이 밝혀진다. 디지털 교도소는 N번방의 남성 판본으로, '지인 능욕물'을 만들어주겠다는 광고글로 남성들을 유인한 뒤 신상을 공개하겠다고 협박하면서 그들을 마음대로 부렸다. 여기엔 불법 도박 사이트와 사채업도 연루되어 있었다. 2020년에 벌어졌던 이 사건에서 이미 '지인 능욕', 즉 딥페이크가 등장한다. 여성에 대한 착취와 폭력을 '놀이'로 이해해준 사회는 남성들에게도 지옥문을 열어 놓았던 셈이다. 2016년에 폐쇄된 소라넷 케이스가 보여줬던 것처럼 여성의 포르노그라피적 이미지는 남성들이 한 사이트에 오래 머물게 하는 장치이자, 불법 도박 사이트와 사채시장으로 끌어들이는 경로였다. 그리고 이젠 불법 도박으로 사채에 발목을 잡힌 청년들이 돈을 벌기 위해 다시 딥페이크 산업으로 유입되는 중이다.

더 끔찍한 것은 정치인들이 이런 상황을 이용한다는 점이다. 딥페이크 사태가 터지자마자 개혁신당의 이준석은 국회 과학기술정보방송통신위원회 전체회의에서 "산술적으로 계산해 보면 한국에서는 약 700명, (…) 위협이 지금 과대평가되고 있는 것이 사실이다."라고 발언했다. 언론이 딥페이크 관련자가 22만 명이라고 보도한 것에 대한 반박이었다. 대체 700여 명이라는 숫자는 어디에서 나온 것일까? '산술적'이라는 표현 때문에 무슨 근거가 있는 것처럼 보이지만, 사실 이 숫자는 남초 커뮤니티와 사이버 렉카 채널에서 먼저 나왔다. 텔레그램 전체 사용자의 0.33%가 한국인이므로 기계적으로 계산했을 때 700명 수준이라는 의미였다. 이 선동의 중심에 있었던 것은 2022년 여성 유튜버 잼미에게 '페미' 낙인을 찍어 괴롭히다가 결국 죽음에 이르게 했던 사이버 렉카 뻑가였다. 한국의 매노스피어(반페미니스트적 관점을 가진 남성들이 주도하는 온라인 공간)에서 표를 모아온 정치인이 '정치 팬덤'의 눈치만 보면 어떤 일이 벌어지는지 너무 명백하게 드러나는 순간이다.

이런 경로 위에 놓여 있는 것이 2025년 1월에 일어난 서부지법 폭동 사건이다. 국가 기관인 법원 침탈 사건은 충격적이었지만, 타인에 대한 폭력을 '놀이'로 즐기고 심지어 돈벌이로 여겨온 '온라인 마초 문화'를 주목해 온 사람들은 '올 것이 왔다'는 느낌을 받았다. 매노스피어의 공기와도 같은 여성 혐오, 여성에 대한 공격을 상품화하는 사이버 렉카, N번방과 딥페이크 성범죄, 오프라인으로 이어지는 스토킹 범죄와 계속되는 여성 살해는 서부지법 폭동에서 멀리 떨어져 있지 않다. 그리고 매노스피어의 (성)폭력 문화를 자연스럽고 당연한 것으로 용인해 온 남성중심적 가부장제 문화는 한국 사회의 혼란에 책임이 있다. 탄핵 집회 현장에서 "윤석열을 탄핵하라"와 함께 "성차별주의자들을 탄핵하라"는 구호가 등장한 이유다. 폭력 산업의 네트워크를 해소하기 위해 무엇을 해야 하는지, 차근차근 함께 살펴야 할 때다.

# 기술매개 성폭력의 이해

김애라[*]

 기술이 일상화된 오늘날에는 거의 모든 종류의 젠더 폭력이 기술에 의해 일어난다고 해도 지나친 말이 아니다. 언제든 실시간으로 연결되는 온라인 네트워크에서는 비대면으로도 그루밍과 통제, 스토킹이 가능하다. 또한 파일을 저장, 복제하고 전송하는 기술이 용이해지면서 불법적으로 탈취하고 합성한 이미지나 동영상, 신상 정보는 여성을 착취하는 폭력으로 연결된다.

 전통적 의미의 성폭력, 가정 폭력, 성매매에서 불법 촬영을 하거나 불법 촬영물을 빌미로 협박, 유포하는 행위는 '기술매개 성폭력[**]'의 대표적인 유형이다. 그러나 불법 촬영이나 불법 유포, 온라인 스토킹, 딥페이크 성범죄 등은 가해자가 성애적 목적을 가진 행위임에도 불구하고 성폭력으로 인식되지 않는다. 특히 스토킹, 신상 정보나 이미지 강탈, 유포 같은 유형은 아

---

[*] 한국여성정책연구원 연구위원. 이 원고는 〈기술매개 성폭력의 '실질적' 피해와 그 의미〉(김애라, 《한국여성학》 38권 1호, 2022년, 1~36쪽)의 일부를 수정·보완한 것이다.

[**] 기술매개 성폭력이란 '디지털 성폭력'이나 '디지털성 범죄'라는 대중적 표현 대신 학술적 명확함을 위해 사용한 용어. 새로운 기술을 이용하여 여성에 대해 성적으로 공격하는 형사적, 민사적, 그 밖의 유해한 행위를 뜻하며, 온라인 성희롱, 젠더에 기초한 혐오 표현, 사이버 스토킹, 성폭력 이미지 제작과 유포, 성폭력 수단으로 이용하는 행동을 포함한다.

예 전통적 의미의 성폭력과는 별개로 인식된다. 피해자와 가해자의 비대면 관계에서 발생하는 폭력이기 때문에 오프라인에서는 폭력으로 볼 수 없다는 것이 그 이유다. 이처럼 기술매개 성폭력은 여성과 여성의 개인정보 등을 성애화한 인식에 따라 여성에게 '피해'가 될 수 있는 성별화된 형태로 이루어지고 있다. 가해자가 피해자의 두려움을 활용하여 위협하고, 특정한 행동을 유도하고 강요함으로써 실제적으로 피해자를 통제하고 조정한다는 사실을 고려한다면 기술매개 성폭력의 성별화된 피해 속성을 살펴볼 필요가 있다.

### 기술매개 성폭력의 '실질적' 피해

기술매개 성폭력은 디지털 공간에서 여성들이 높은 확률로 괴롭힘과 혐오 발언의 대상이 되고 있는 상황과 밀접한 관계에 있다. 이 같은 폭력 양상은 온라인 학대와 추행이 성별에 기반한 여성의 대상화 및 성적인 영역과 연관성이 상당하지만 그것을 전통적 의미의 성폭력 개념으로만 설명하기에는 부족하다는 사실을 보여준다. 기술매개 성폭력에서는 가해자의 행위가 성폭력인가, 일상적 통제나 괴롭힘인가를 분명하게 구분하기 어렵다. 즉 모든 형태의 기술을 이용한 괴롭힘이 반드시 성적으로 표현되는 것은 아니다(Henry and Powell, 2018). 예컨대 피해자의 온라인 궤적을 쫓아다니며 신상과 일상생활을 캐내고 퍼뜨리는 스토킹은 불법 촬영 같은 기술매개 성폭력과는 별개의 사건이면서 동시에 성폭력과 긴밀하게 연관되어 있다. 스토킹 가해자는 개인정보를 탈취하고 이를 빌미로 여성에게 성별화한 방식의 성적 역할을 강제한다. 이 과정에서 불법 촬영이나 불법 유포 행위가 없었다고 해도 스토킹 행위는 피해자를 압박하고 통제하며, 사실상 가해자의 영향력 하에 있다는 강압적 인식을 주게 된다. 이 같은 기술매개 성폭력의 특징을 고려한다면 현행법에서 정의하고 있는 성폭력의 개념은 재검토되어야 한다.

현행법에서 기술매개 성폭력은 '통신매체이용 음란죄'나 '온라인상 음란물 유통 범죄'의 '음란성'을 기준으로 판단되고 있다. 이런 기준은 우리 사회에 여전히 팽배한 성폭력에서의 '성적인 것'에 대한 협소한 이해와 기술매개 성폭력 속성에 대한 몰이해를 드러내고 있다. 온라인 스토킹에 관한 연구들에서는 스토킹 피해가 성적 폭력의 측면과 강압적인 통제가 중첩되고 또 구분되는 방식으로 발생한다고 논의한 바 있다(Lever and Eckstein, 2020). 필자가 분석한 기술매개 성폭력 사례 중에는 불법 촬영이나 불법 유포로 의심되는 정황이 있음에도 불구하고 피해자가 고소를 포기하는 사례들이 많았다. 피해자들은 스토킹이 지속되고 누적되면서 보복당할까 두려워 더 이상 (사건에 대한) 법적 절차를 포기하는 것이다. 이는 기술이 매개된 스토킹에서 성별화된 성적 피해와 강압적 통제가 중첩되어 있다는 점을 잘 보여준다. 또한 기술매개 성폭력에서 스토킹 가해자는 스마트폰이나 소셜미디어 등 개인화된 연락망을 통해 피해자에게 직접적으로 접근하고, 피해자의 소셜미디어나 주변인 네트워크에 이르기까지 영향력을 발휘한다. 이는 불법 유포와 유사하지만 법적으로는 '성폭력'으로 인식되지 않는다.

예를 들어 피해자가 성적 비하, 허위 사실 유포, 욕설 등 가해자가 포털 사이트에 남긴 스토킹 자취들을 발견하고 조사 당국에 삭제를 요청해도 '디지털 성폭력', 즉 기술매개 성폭력으로 인정되지 않기 때문에 삭제 대상이 되지 않는다. 피해 유형이 텍스트가 아니라 이미지나 동영상이라면 성폭력 피해로 인정받기가 좀 더 용이해진다. 성폭행 피해의 경중은 강간과 같은 물질적 피해, 이를 촬영한 촬영물이나 기타 불법 촬영물 영상, 불법 촬영한 사진, 합성 사진, 텍스트 등의 순으로 위계적으로 나뉜다. 이 같은 문제는 현재 기술매개 성폭력 처벌의 기준이 음란성, 수치심 등과 같은 성별화된 개념에 있는 것과 관계된다. 성폭력으로 인정받기 위해서는 해당 게시물에 대한 음란성이나 피해자의 수치심 등이 인정되어야만 한다.

### 기술매개 성폭력의 처벌, 성별화된 피해를 반영해야

　기술매개 성폭력을 이해할 때 가장 중요한 것은 가해자가 소유한 이미지(동영상)가 피해자를 위협, 강요, 조종하는 데 사용된다는 것이다. 기술매개 성폭력은 피해자가 이미지나 개인정보가 유포되는 것을 두려워하는 점을 활용하며, 위협하고 강요하기 위해 오프라인과 온라인 사이의 고도로 연결된 방식을 취한다(O'Malley and Holt, 2022). 촬영, 이미지나 개인정보 강탈, 스토킹, 협박 등 기술매개 성폭력에 동원되는 복합적인 수단들은 피해자의 행동에 직접적인 영향력을 행사하는 것으로, 명백하게 피해자를 성적으로 학대하고 통제하기 위한 젠더 기반 폭력이다. 이를 이해한다면, 기술매개 성폭력에서 그 경중을 판단할 때 고려해야 하는 것은 음란성이나 수치심이 아니라 피해 양상이 얼마나 복합적으로 확대되는가와 어떤 방식으로 지속되는가이다. 이는 기술매개 성폭력 피해자를 지원하고 가해자를 처벌할 때도 젠더화된 개인정보 악용의 효과를 반영해야 한다는 의미이기도 하다.

　기술적 환경에서는 파일이 일단 생산되면, 복제는 사실상 해당 파일을 재생산하는 역할을 한다. 최초로 생산된 파일과 완전히 동일한 파일이 복제 생산되고 해당 파일은 기하급수적으로 증가, 확산된다. 재유포 역시 1차 유포와 거의 동일한 수준의 피해를 줄 뿐 아니라 피해를 끝없이 지속시킨다. 이 같은 기술 매개적 속성은 성폭력 피해를 지속시키며 피해 여성들에게 고통을 준다. 음란성 기준에 따라 재유포에 대한 처벌이 약하게 다뤄지고 이로 인해 피해자가 고통을 당한다는 것을 고려한다면 기술매개 성폭력에 대한 처벌은 바뀌어야 한다. '피해'는 여성이 얼마나 '음란'하게 묘사되고 있는가가 아니라 피해의 대상인 '신체'가 성별화된 방식으로 원격 조종되고 통제되는 점, 그리고 그런 점이 어떤 영향을 끼치는가에 따라 판단해야 한다.

**기술 매개성을 고려한 논의를 시작할 때**

여성의 신체가 성적 대상이자 협박, 모독, 수치의 대상이 될 수 있다고 믿는 사회, 그리고 실제로 그런 일이 일어나는 현실에 대한 전 사회적 각성이 필요하며, 그 첫 단계로 현행법에서 기술매개 성폭력의 음란성과 수치심 기준은 폐기될 필요가 있다. 또한 전통적 성폭력 개념을 중심으로 그 '실질적' 피해와 고통을 가늠하기보다 기술 매개성을 좀 더 적극적으로 고려한 방식으로 성폭력 피해에 대한 진전된 논의가 필요하다.

### 참고문헌

Henry, N. and A.Powell(2014) The Dark Side of the Virtual World:Towards a Digital Sexual Ethics, in Henry, N. and A. Powell(eds.), 『Preventing Sexual Violence: Interdisciplinary Approaches to Overcoming a Rape Culture, New York: Springer』 pp.84-104.

Henry, N. and A. Powell(2018) "Technology-facilitated sexual violence: A literature review of empirical research" 『Trauma, violence & abuse』 19(2), pp.195-208.

Lever, K. and J. Eckstein(2020) "I Never Did Those Things They Said!": Image, Coercive Control, and Intrusion From Former Partners' Technology-Mediated Abuse" 『Iowa Journal of Communication』 52(1), pp.49-67.

O'Malley, R. L. and K. M. Holt(2022) Cyber sextortion: An exploratory analysis of different perpetrators engaging in a similar crime 『Journal of interpersonal violence』 37(1-2), pp.258-283.

# 10대 여성 못 지킨,
# '딥페이크 성폭력' 온상 된 학교

정지혜*

　우리들 대다수는 학교생활 경험이 있지만 동시에 지금 학교에서 무슨 일이 벌어지는지에 대해서는 놀랍도록 무지하다. 예나 지금이나 학교는 가장 폐쇄적이고 보수적인 공간 중 하나다. 2024년 8~9월, 학교 현장을 중심으로 폭로된 '딥페이크 성폭력 사태'는 이러한 무지를 가장 충격적으로 실감케 한 일이었다. 같은 반 여학생, 여성 교사, 여성 가족의 사진을 성적인 이미지로 불법 합성한 뒤 남성들끼리 돌려보고 모욕하고 피해자에게 직접 협박까지 하는 믿기 힘든 수준의 집단 성범죄가 일어나고 있다니. 진짜 같은 합성 사진을 만드는 딥페이크 기술이 악용된 이 범죄는 전두 각지에서 학교명으로 된 폴더가 생성될 만큼 엄청난 규모로 세상을 경악케 했다.
　10대 남성과 여성이 각각 디지털 성폭력의 가해자와 피해자로 뚜렷이 성별화되는 현상은 놀라운 일은 아니다. 그동안 가정이나 학교에서는 미온적인 대처로 피해 여학생들을 제대로 지켜주지 못한 채 사태의 심각성을 외면해 왔다. 학교에서 일하는 여성 교사나 여성 청소년들이 이번 딥페이크 사태에 새삼 충격받지 않았던 이유다.
　딥페이크 성폭력 실태가 드러나고 있던 무렵, 초등교사 출신으로 현재

---

* 세계일보 기자

는 성교육과 성평등 강사로 활동하고 있는 서현주 작가와 이야기할 기회가 있었다. 필자가 진행하는 독서 팟캐스트에 『직업을 때려치운 여자들』의 저자로 출연한 그는 약 10년 전부터 이미 초등학교 학생들의 성 인식 문제가 심각함을 느꼈다고 밝혔다. 스마트폰의 등장, 미성년자의 성폭력 처벌에 온정적인 가정과 학교, 사회문화에 힘입어 10대 학생들은 수년 전부터 '그래도 되는'(잡히지 않고, 잡혀도 큰 대수가 아닌) 디지털 성범죄의 유혹에 빠져들었다는 것이다.

여학생들의 피해나 성평등 교육에는 관심도 없고, 교내 성폭력을 쉬쉬하며 덮기 바쁜 학교 분위기 속에서 딥페이크 사태는 분명 예고된 비극이었다. 지난해 딥페이크 취재("'능욕 요청'해도 성범죄 미적용…가해자는 교사가 되겠다 한다", 정지혜 기자. 세계일보. 24. 9. 8.) 중 만난 서울의 한 고등학교 재학생 A양(18)은 딥페이크 성폭력 가해자를 직접 잡아내고도 학교폭력대책심의위원회나 경찰 조사에서 엄중한 처벌이 나오지 않자 낙담했다.

A양의 피해는 딥페이크 사태가 전국적으로 퍼지기 전인 지난해 5월쯤 발생했다. 같은 반 남학생으로 밝혀진 가해자는 A양의 신상 정보가 모두 공개된 사진을 텔레그램 단체방에 올리고 '능욕해주세요', '협박해서 노예로 만들겠다'라고 했다. 하지만 성적으로 괴롭혀달라는 직접적인 표현이 없었으며 불법 합성이 이뤄지기 직전 검거돼 미수에 해당한다는 이유로 성범죄가 적용되지 않았다. 학폭위에서도 영구적 기록이 남는 퇴학과 달리 4년 뒤면 기록이 사라지는 강제 전학 처분을 받았다. 새로 전학 간 학교에서 학교폭력 기록을 보지 않는 정시 전형 준비에 매진 중이라는 가해자는 아무렇지 않게 '수학 교사'라는 꿈을 좇고 있다고 했다.

성범죄가 미수로 그쳤으니 피해자에게 적당히 털고 일어나라는 식의 사회는 여성 청소년에게 너무나 가혹하다. 삶에 어떤 균열도 생기지 않은 가해자에 비해 A양의 고3 시절은 돌이키기 힘든 손상을 입었다. 피해자 보호조치로 등교를 하지 않으면서 떨어진 성적, 우울증과 공황, 가해자 무리에 있던 다른 친구들이 여전히 한 교실에 있어 불법 촬영 재범이나 위해를 가할 수 있다는 불안 등이 겹치며 A양은 약물 치료를 하고 학업 중단 숙려제를 써야만 했다. 수능 시험은 거의 포기한 상태라고 했다.

A양은 "다들 잊고 살기 바라는 것 같아 더 말하기도 힘들고, 가족과 친구를 감정 쓰레기통으로 만들고 싶지 않다"며 사건에 대해 편히 이야기를 나눌 사람이 없다고 토로했다. 성폭력이 행해지지 않았으니 정말 문제가 없다고 할 수 있을까. 이번 일로 사람에게 다가가는 것이 어려워졌는데, 이런 불안감을 티내는 것 역시 약점이 되는 것 같아 자꾸 감추게 된다는 A양의 말이 귓가를 맴돈다.

딥페이크 사태에 가담한 핵심 연령대가 10대이고, 이 가운데 상당수가 형사처벌을 받지 않는 촉법소년이라는 점은 가정과 학교에서의 엄정한 성폭력 처벌과 인식 개선이 필수임을 알려준다. 10대 남성의 일탈과 반사회성이 어느 때보다 높게 나타나고 있는 현실을 이제는 직면해야 한다. 망가진 성평등·성폭력 교육부터 손봐야 할 것이다.

# 남성 청소년과 함께하는 페미니즘 교육 실천기
– 성평등 융합 수업 경험을 중심으로

김병성*

올해 2학기를 시작하자마자 '딥페이크 범죄'가 학교를 집어삼켰다. 그동안 수많은 'N번방'이 세상에 드러났지만 디지털 성범죄 대응책은 제대로 작동하지 않았고, 그 틈을 타 텔레그램 기반의 성범죄는 새로운 기술과 결합하여 더욱 정교하게 조직화되었다. 디지털 시민성이 결여된 다수의 성범죄 집단을 다시금 확인하며 좌절과 분노를 감출 수 없었다. 디지털 시민성의 핵심은 '관계'에 있다. 디지털 시민성 교육에서 강조하는 디지털 에티켓, 미디어 리터러시, 저작권이나 개인정보 보호 같은 개념은 모두 '안전한 관계 맺기'의 맥락에 놓여 있기 때문이다. 그러나 'N번방' 사건 이후 사회는 더욱 분열하였고, 진정한 동의와 안전한 관계 맺기에 대한 교육은 뒷전으로 밀려났다.

이러한 맥락에서 딥페이크 범죄가 청소년 사이에 놀이문화처럼 번졌다. '지인 능욕'이라는 이름으로 가까운 사람을 범죄 대상으로 삼아 또래집단에서 우위를 점하려는 행동은 단순한 호기심의 차원을 넘어 범죄 조직에 가담하는 방식으로 진화했다. 관계에 대한 성찰이 결여된 조직은 딥페이크 범죄뿐만 아니라 디지털 공간에서 벌어지는 성매매, 마약, 도박, 술 담

* 경성중학교 교사

배 대리 구매와 같은 범죄에까지 손을 뻗쳤다.

　이처럼 흉악한 범죄가 재확인되자 사회는 또 다시 교육의 실패를 원인으로 꼽았다. 곧이어 학교에는 딥페이크 범죄를 포함하여 마약, 도박, 흡연 예방 교육을 철저히 시행하라는 공문이 내려왔고, 담임 교사는 매일 같이 관련 자료를 출력하여 칠판에 게시했다. 조금 억울한 생각도 들었다. 한국 사회의 뿌리 깊은 혐오 문화와 낮은 수준의 성인지 감수성이 어찌 교육 때문이라고만 할 수 있겠는가. 하지만 교육이 손 놓고 있을 수만은 없는 노릇이었다.

　학교에서 이러한 사회 현안을 모른 체할 수 없다는 생각은 '그동안의 교육이 왜 실패할 수밖에 없는가.'라는 고민으로 이어졌다. 문득 학교는 사회의 축소판이라는 고리타분한 말이 떠올랐다. 가부장적 위계가 작동하는 교실, 입시 위주의 무한경쟁, 반목과 혐오로 얼룩진 학교 문화, 삶이 부재한 교육이 반복되는 학교 현장에서 페미니스트 교사는 어떤 수업을 할 수 있을지 한참을 생각했다.

## 1. 수업 설계 : 동료 찾기

　남성 단일 성별 중학교인 우리 학교에는 인권교육을 고민하는 교원학습공동체 '주고 받는 인권 공부(이하 주인공)'가 있다. 딥페이크 범죄가 드러난 이후 '주인공' 소속 다섯 명의 교사는 삶이 부재한 교육의 탈출구를 '페미니스트 페다고지'의 관점에서 찾았다. 특히 남성 청소년이 맨박스의 틀과 가부장적 질서에서 벗어나 성평등한 사회의 일원으로서 살아가게 하려면 수업에서 어떠한 경험을 제공해야 할까를 고민했고, 페미니즘 관련 도서를 나누어 읽으며 중학교 3학년 국어, 영어, 사회, 과학 교과의 교사가 성

---

\* 유채린, 「남성 청소년 젠더 교육을 위한 페미니스트 페다고지의 가능성」, 중앙대학교 석사 학위 논문, 2024년, 12-16쪽

평등을 주제로 삼은 교과 간 융합 수업 팀을 구성했다.

수업을 준비하면서 '양성평등'도 '성평등'도 아닌 '페미니즘'을 전면에 내세울 필요가 있을까라는 생각도 들었다. 오히려 남성 청소년의 반감을 살 수도 있을 거라는 걱정이 앞섰기 때문이다. 하지만 디지털 시민성의 핵심인 '관계'를 이야기하면서 페미니즘보다 더 나은 인식과 쟁점을 제공하는 주제가 쉽게 떠오르지 않아 용기를 내어 수업을 시작했다. 함께 페미니스트 페다고지를 실천하는 동료 교사들이 있었기에 가능한 용기였다. 페미니즘 교육의 실천은 동료 찾기에서 시작된다. 우리는 '성평등의 관점에서 어떻게 더 나은 세상을 만들 수 있을까?'라는 탐구 질문을 설정하고 남성 청소년을 교육 참여자로 상정하는 젠더 교육 수업을 설계했다.

## 2. 수업 실천 : 청소년과 동료되기

남성 청소년과 페미니즘. 얼핏 보면 전혀 어울리지 않는 두 단어가 교실에서 만났다. 융합 수업은 국어과의 '한 학기 한 권 읽기' 수업으로 시작했다. 2학기 수업 첫 날, 학생들에게 강남순 교수의 책 『안녕, 내 이름은 페미니즘이야』와 『안녕, 내 친구는 페미니즘이야』를 소개했다. PPT 화면에 '페미니즘'이라는 단어가 등장하자 교실은 난리가 났다. 자신의 책상에 올려진 페미니즘 도서를 주먹으로 쾅 내리치거나 이리저리 뜯어보는 학생도 있었다.

남성 청소년이 페미니즘에 반감을 가지게 된 이유는 대부분 SNS 때문이다. 페미니즘을 처음 접한 경험을 묻는 문항에서도 학생 대다수가 SNS라고 답했다. 미디어를 통해 생산되는 왜곡된 정보가 청소년의 알고리즘을 타고 반복적으로 노출되면서 페미니즘에 대한 부정적 인식이 강화되고 있었던 것이다. 우리는 이러한 인식을 개선하고자 '독서'라는 형태로 페미니즘 관련 수업의 문을 열었다.

독서 시간에는 디벗 기기를 통해 해당 차시의 주제에 알맞은 독서일지를 제공하고 학생이 책에 몰입할 수 있도록 교사는 최소한으로 개입했다. 독서를 통한 학생의 생각 변화를 살펴볼 수 있는 주요 문항을 간단히 추려 보면 다음과 같다.

| | 문항(1점 아니다 ~ 7점 그렇다) | 독서 전 | 독서 후 |
|---|---|---|---|
| 1 | 나는 성평등한 사람이다. | 4.83 | 5.22 |
| 2 | 나에게 페미니즘은 긍정적이다. | 3.02 | 4.94 |
| 3 | 학교에서 페미니즘 교육이 필요하다. | 5.05 | 5.15 |
| 4 | 나와 페미니즘은 친구가 될 수 있다. | 4.55 | - |
| 5 | 현재 한국 사회가 (성)평등하다. | 5 | 2.82 |

독서를 통한 프로젝트 수업의 시작은 긍정적인 효과를 보였다. 3번 문항을 보면 남성 청소년이 학교에서 페미니즘을 만나보고 싶다는 생각을 하고 있음을 알 수 있다. 2번과 5번 문항을 비교해서 보면, 독서 전후로 페미니즘에 관한 인식이 변화했음을 살펴볼 수 있다. 또한 독서 전보다 독서 후에 평등과 관련된 감수성이 높아져 현재 한국 사회의 불평등을 더욱 기민하게 느끼고 있다고 해석할 수 있다.

독서 수업 이후에는 남다른성교육연구소*의 중3~고1 프로그램 특강을 진행했다. 독서와 특강을 통해 학생들은 페미니즘이라는 렌즈로 성평등 주제를 탐구할 준비를 하였다. 이후에는 아래 표의 흐름에 따라 '성평등 공익광고 제작 프로젝트 수업'이 진행되었다.

---

* 남다른성교육연구소(namdareunboys.com)는 페미니즘의 맥락에서 남성 청소년과 함께하는 성교육을 고민하는 단체이다. 본 수업에서는 위 사이트에 소개된 '중3~고1 프로그램'을 진행하였다.

　남다른성교육연구소의 특강 이후 영어 수업에서는 성평등의 하위 주제 5가지(가사노동, 성소수자 인권, 성역할 고정관념, 가부장적 사회와 불합리한 결혼 제도, 여성 권리 증진 운동)를 선정하여 영어 그림책을 읽고 토론 활동을 벌였다. 나아가 국내외의 다양한 자료를 찾아 영어로 정보를 전달하는 글쓰기를 수행했다.

　기능(도구) 교과에서 언어를 통해 성평등의 지표를 탐색하는 동안 내용 교과인 사회와 과학 수업에서는 각각 <헌법과 인권>, <유전과 생식> 단원과 연계하여 성평등한 사회를 만들기 위한 방안을 탐구하였다. 이후 국어과에서는 각 교과에서 탐구한 자료를 모두 모아 논증(귀납법, 연역법)과 설득 전략(로고스, 파토스, 에토스)를 활용한 성평등 공익광고를 기획, 제작하고 발표하는 수업을 진행했다.

　남성 청소년이 내놓은 공익광고 결과물은 매우 인상 깊었다. 이들은 사회에 팽배한 혐오와 차별에 적극적으로 대항하는 25편의 광고를 제작했다. 페미니스트 페다고지 담론을 적용한 수업을 통해 성평등을 함께 실천하는 약 100여 명의 동료를 만나는 순간이었다.

### 3. 수업 나눔 : 동료 확장하기

　남성 청소년과 함께 진행한 페미니즘 수업의 외연을 확장하고자 수업 나눔에 적극적으로 참여했다. 우선 수업을 함께 실천한 동료 선생님과 함께 서울시교육청 관내의 여러 학교에 나가 컨설팅을 진행했다. 특강을 함께 한 남다른성교육연구소 선생님과 울산광역시 교육청으로 연수를 다녀오기도 했다.

　특히 울산광역시 교육청에서의 연수가 기억에 남는다. 사전에 연수 내용에 대해 검열을 받았는데, 다른 내용은 다 괜찮지만 포괄적 성교육과 성소수자 관련 내용은 언급하면 안 된다는 금기가 적용되었다. 정작 연수에 참여한 선생님들이 적극적으로 나누고 싶은 이야기를 관에서 막는 형식이었다. 다소 아쉬운 면도 있었지만 페미니즘의 관점에서 성평등을 고민하는 전국 곳곳의 교사를 확인할 수 있었다.

### 4. 나의 수업 성찰

　수업 설계부터 실천, 나눔의 과정을 면밀히 살펴보면 참 부족한 점이 많았다. 오탈자와 오개념 제시로 인해 활동지를 수차례 다시 기획하기도 하고, 열심히 시수를 계산했지만 예상하지 못한 연휴로 차시가 밀리면서 수업의 흐름이 끊기기도 하였다. 페미니즘에 반감을 가진 청소년과 부딪힌 일도 있었는데, 순간적으로 교사의 권위를 발휘하여 수업을 계속 진행한 사례도 있었다.

　융합 수업을 실천한 뒤 3학년 교실에서는 눈에 띄는 변화가 관찰되었다. 우선 혐오 표현을 사용하는 빈도가 현저히 줄었다. 물론 여전히 말을 함부로 내뱉는 학생도 있지만, 이에 적극적으로 대항하는 학생들이 늘어나면서 이들의 눈치를 보기 시작했다. 예를 들어 여성 혐오 발언과 외모 평가를 입에 달고 지내던 학생이 '탈코르셋 운동'과 관련된 탐구를 진행한 뒤 외모에 관한 평가를 하지 않게 되었다. 주변의 친구가 외모 비하나 외모 칭

찬을 하면 불쾌함을 드러내기도 한다. SNS에서만 접했던 페미니즘에 대한 반감도 많이 줄었으며, 페미니스트를 비하하는 분위기도 찾아보기 어렵다. 특히 극우 유튜브 콘텐츠에 깊이 노출되어 있던 학생이 군 인권과 관련된 탐구를 진행한 후, 페미니즘 운동이 안전한 사회를 만드는 데 일조하고 있음을 깨달았다는 수업 후기를 남겼다. 교사에게 살짝 찾아와 자신을 드러내고 속마음을 나누는 학생도 많아졌다. 학교에서 안전한 공간을 찾아 헤매던 성소수자 학생이 나를 찾아와 자신의 이야기를 들려주었을 때, 우리는 시간 가는 줄 모르고 한참을 학교에 남아 있었다. 자신을 페미니스트로 정체화한 남성 청소년도 더러 생겼다. 수업 전 사전 설문에서 페미니즘에 다소 반감을 갖고 있다고 했던 학생들이 수업 후 설문에서는 다음과 같이 답하기도 하였다.

**페미니즘이라는 단어의 정확한 뜻을 알게 되었고, 앞으로 차별적인 단어를 사용하지 않도록 노력하겠다.**

**페미니즘에 대해 정확히 알지 못했는데 이번 시간을 통해 확실히 이해한 것 같다. 또한 올바른 페미니즘 활동을 통해 성평등한 사회가 만들어졌으면 좋겠다.**

**페미니즘을 처음 접했을 때는 어렵게만 느껴졌다. 이와 같은 사상은 나에게 생소했으나 하나하나 알아갈수록 공감이 됐다. 내 주변에도 소수자들이 있는지 살펴보고 내가 도움을 줄 수 있는 방법을 살펴보아야겠다.**

**이 수업을 통해서 나는 페미니즘이 그저 여성을 위해서가 아닌 세계의 모든 사람들의 평화를 위한 위대한 활동임을 깨닫게 되었으며**

각종 불평등하거나 차별받는 문제들을 확인하고 현 사회가 아직 안전하지 않다는 심각성을 느끼게 되었다. 그래서 나는 앞으로의 삶에서 차별이 생기는 부분에서는 "이 부분은 차별이야"라는 말을 할 수 있는 사람이 되었다고 생각한다. 그리고 이러한 수업은 아이들의 페미니즘에 대한 인식을 많이 개선시켜서 요즘은 학교에서 페미니스트를 욕하는 학생들을 거의 보지 못했다. 그렇기에 다른 학교에서도 이러한 활동이 있었으면 좋겠다고 생각했고 세계 각지의 차별 문제를 직접 경험해보고도 싶어졌다.

남성 청소년과 함께 페미니즘을 공부하는 과정은 다소 두렵고 힘들었지만, 더 나은 관계를 향해 첫걸음을 내딛은 느낌을 받았다. 남성 청소년이 자신을 돌아보고 성평등한 시각에서 세상을 이해하려는 모습을 관찰하며, 융합 수업이 학생의 가치관과 사회적 태도에 긍정적인 영향을 미쳤다는 확신을 가지게 되었다. 앞으로도 디지털 시민성 교육을 고민함에 있어 페미니즘 페다고지에서 추구하는 안전한 관계를 지향하는 흐름이 확산되기를 희망한다.

# 이미 디지털 세계의 시민인 어린이
## - 어린이의 디지털 생활과 경험을 다룬 '오늘의 어린이책'을 소개합니다

신수진*

    2007년에 등장한 아이폰은 인류의 삶을 이전까지의 그 어떤 미디어보다도 크게 뒤흔들었다. 이제 스마트폰을 마치 신체의 일부처럼 여기며 살아가는 인류를 우리는 '포노 사피엔스'(phono sapiens)라고 부른다. 코로나 19로 인해 사람들 사이의 직접적인 접촉이 제한되던 시기를 거친 뒤에는, 가까이 있든 멀리 있든 각자 스마트 기기를 손에 쥐고 온라인으로 대화를 나누고 회의를 하고 수업을 하는 일이 특별할 것 없는 일상으로 자리 잡았다. 분명 인터넷과 스마트 기기는 사람들 사이를 연결하며 의사소통에 도움을 주고, 자유롭고 평등한 민주주의 체제를 위해 많은 사람들의 목소리를 전달하는 도구가 되었다. 그러나 기술 발전에 감탄하고 끝없이 가능성을 탐색하는 과정에서 어린이와 청소년이라는 우리 사회의 중요한 구성원들이 과연 고려되고 있었는지를 돌아볼 필요가 있다. 기성세대가 삶의 혁신을 일으킨 새로운 기술에 적응하고 놀라워하며 미래를 구상하는 동안, 디지털 네이티브로 자라난 아이들의 삶에는 어떤 변화가 일어나고 있었을까.

    『불안 세대』(The Anxious Generation, 이충호 옮김, 웅진지식하우스, 2024)의 저자 조

---
* 어린이책 편집자. 『오늘의 어린이책』 편집위원

너선 하이트는 대다수 청소년이 스마트폰을 소유한 2010년대 중반에 '놀이 기반 아동기'가 '스마트폰 기반 아동기'로 완전히 전환되었고, 이로 인해 아동·청소년들이 사회적 박탈, 수면 박탈, 주의 분산, 중독 같은 해악을 겪고 있다고 주장한다. 하이트에 따르면, 1996년 이후에 태어난 소위 'Z세대'들은 그 이전 세대와는 질적으로 다른 아동·청소년기를 통과해 왔다. 1980년대부터 어린이가 부모의 감시와 토호 없이 밖에서 나돌아다니면 범죄의 표적이 되기 쉽다는 불안감이 조성되기 시작했고, 어린이들은 개인용 컴퓨터에 이어 스마트 기기 앞에서 더 많은 자유 시간을 보내게 되었다. 디지털 기기가 단순한 도구가 아닌 '장소'가 된 것이다. 어린이들은 실내에 머물면서 온라인으로 노는 것에 만족할지 모르지만, 그 시기에 꼭 필요한 신체적 경험과 사회적 경험에 노출될 기회는 점점 잃어 가고 있다.

'스마트폰 기반 아동기'의 도래가 초래하는 또 다른 중요한 문제는 부모들이 자기도 모르는 사이에 자녀들에게 온라인 세계에서의 완전한 독립성을 허용하면서도, 정작 그 세계에서 어떤 일이 일어나고 있는지, 무엇을 어떻게 제한해야 하는지는 전혀 모른다는 것이다. 어른들은 온라인 세계에서 원하는 것을 거의 마음대로 할 수 있지만, 현실 세계에서 과잉 보호되는 아이들은 온라인에서는 방치되다시피 하면서 과소 보호되고 있다. 하이트는 특히 스마트폰이라는 개인 기기와 소셜 미디어가 아이들로 하여금 사회적 상호작용의 양은 증가시키는 반면 사회적 관계의 질을 떨어뜨리며 정신 건강에 나쁜 영향을 끼치고 있음을 강조하면서, 더 건강한 아동기를 보낼 수 있도록 해주기 위해 '만 16세 이전 소셜 미디어 금지'를 비롯한 네 가지 개혁안을 제시한다.

그러나 일단 우리 삶을 바꾸어놓기 시작한 기술은 좀처럼 퇴보하거나 역변하지 않는다. 거대 테크 기업들은 어린이와 청소년이라는 드넓은 미래 시장을 순순히 포기하려 할까. 하루가 다르게 발전을 거듭하는 디지털 기술이 유혹하는 가운데, 어른들처럼 스마트 기기를 가지고 자신만의 네트워크와 문화를 꾸려가고 싶다는 어린이들의 욕망을 만 16세가 될 때까지 완벽하게 제어하려 시도한다면 과연 어린이와 청소년 당사자에게도 지지를 얻을 수 있을까. 규제가 강해지면 강해질수록 기업과 소비자들의 욕망에 의해 편법적인 우회로가 만들어지고 그로 인한 부작용이 더 심각한 문제를 낳지는 않을까. 우리는 어린이와 청소년들이 디지털 세계에 정착해 있는 중요한 구성원이라는 점을 진지하게 받아들이면서, 이들을 어떻게 보호해야 할지, 정신 건강을 해치는 기술이 아닌 행복을 증진시키는 기술이란 어떤 것이어야 할지를 어린이·청소년 주체들과 '함께' 고민해 가야 한다. 아무런 보호 장치가 없던 자동차에 어린이를 위한 안전벨트와 유아용 카 시트가 의무화되었듯이, 술 담배를 만 18세 이후에만 구입하는 것이 당연한 일이 되었듯이, 어른들은 불편을 감수하고 기업들은 이익을 포기할 수 있어야 하고 어린이·청소년들 또한 당장의 즐거움을 누릴 권리보다 해로운 결과로부터 보호받을 권리가 더 중요하다는 것을 스스로 결정할 수 있어야 할 것이다.

아동복지 전문기관인 '초록우산'과 시사 주간지 『시사IN』이 2024년 9월 초4~고2 학생 1,287명과 그 보호자를 대상으로 아동·청소년의 '스마트폰 기반 생활 현황'을 조사한 결과에 따르면, 과다한 스마트폰 사용량과 부족한 잠이 서로를 부추기면서 아이들의 삶의 균형을 깨뜨리고 있었다. 아이들은 스스로를 스마트폰 과의존이라고 진단하면서도 '스마트폰보다 재미있는 것이 없어서' 결국 스마트폰을 손에 쥐고 산다고 대답했다. 뜨끔하다. 우리는 어린이들에게 스마트폰보다 재미있다고 자신 있게 제시해 줄 목록을 갖고 있는지. 어린이들은 언어로 명백히 표현하지 못했지만, 원래 자신들의 것이었던 놀이의 즐거움과 다채로운 몸의 경험을 되찾아 달라고 호소하는 듯하다.

그렇다고 어린이와 청소년들을 디지털 기술에서 분리시키는 것이 능사는 아니다. 어린이들도 발전하는 기술을 경험하고 즐거움을 누릴 수 있어야 한다. 동시에 몰입적이고 중독적인 환경에서 보호 받고 때로는 혼란스러운 온라인 세계에서 스스로를 지킬 수 있는 능력을 기르도록 해주는 것이 어른들의 일이 되어야 한다. 어린이·청소년 또한 디지털 세계 속의 엄연한 시민이며, 미래의 기술이 어디로 향해야 하는지를 제시해 줄 수 있는 중요한 행위자이기 때문이다. 2019년부터 현재까지 『오늘의 어린이책』이 선정한 책들에 나타난 어린이·청소년의 디지털 생활을 통해 '오늘의 어린이'들이 온라인과 오프라인을 오가며 살아가는 모습을 구체적으로 만나 본다면 지금 우리 사회가 무엇을 해야 하는지 좀 더 선명해질 것이다.

**이미 어린이의 일상인 디지털 생활**

어린이·청소년의 인터넷과 디지털 경험을 다룬 '오늘의 어린이책'들을 쭉 읽어 가다 보니, 오늘날 어린이의 일상을 다루면서 디지털 경험을 제외하기란 거의 불가능하다는 것을 실감할 수 있었다. 누군가와 관계를 맺고 상호작용을 하고 성장하는 과정 자체가 인터넷과 스마트 기기, 게임, SNS 등과 떼놓고 생각할 수 없는 상황이 되어 있기 때문이다. 어린이들은 알고 싶은 정보를 스스로 검색하면서 판단하고, 카톡을 비롯한 메신저로 친구들과 소통하고, 직접 다가가 말을 걸고, 마음을 터놓기 힘들다고 느낄 때는 SNS 계정이나 게임 계정을 찾아내 현실 세계에서와는 다른 방식으로 상호작용한다. 이 과정에서 어린이들은 오프라인 세계에서 외적으로 드러나는 모습과 디지털 세계에서 스스로 구축한 또 다른 모습이 양쪽 다 자기 자신을 구성하는 중요한 요소임을 인정하며 자신들의 네트워크를 구축하고 있었다.

청소년 소설 『우리의 정원』(김지현 지음, 사계절, 2022)의 주인공 정원은 현실 세계의 친구들에게 선뜻 다가가지 못하는 조용한 아이다. 그러나 아이돌 '에이세븐'의 온라인 팬카페에서 알게 된 '달이'와는 SNS 메시지만으로도 아무에게도 하지 못했던 이야기를 맘껏 털어놓는 사이가 된다. 그런데 초중고 내내 같은 학교를 다니면서 단짝으로 지내온 혜수에게 최근 어떤 말 못할 비밀이 생겼는지는 도통 알 수가 없다. 결국 정원은 혜수의 메일 주소를 구글링해서 트위터 계정을 알아내는데, 그곳엔 '뼈말라인간'이 되고 싶어하는 '프로아나'로서의 혜수가 있었다. 평범한 일상 사진을 게시하던 인스타그램 계정과는 딴판이었던 것이다. 정원은 온라인에서 "서로의 모습을 볼 수 없고, 그래서 어떤 편견도 없을 때 가장 솔직해질 수 있는 순간이라고 생각"했다. 그러나 '에이세븐'을 매개로 한 온라인 교류는 온라인에서만 머물지 않고 현실 세계에서 독서 모임 친구들과 마음을 터놓을 수 있는 힘이 되어 주었고, 혜수와도 마주앉아서 밥을 먹고 이야기를 나누면서 온라인에서 '하트'만 누르고 가는 사람들은 하지 못하는 진심 어린 제안을 할 수 있게 해주었다. 『우리의 정원』에는 이 시대의 청소년들이 온라인과 오프라인을 오가면서 자신의 정체성을 탐색하고 성장해 가는 양상이 잘 드러나 있다.

예전 같으면 비밀리에 일기장을 들여다보아야만 알 수 있었을 한 사람의 내면이 이제는 SNS 계정이나 스마트폰을 통해 대번에 드러나기도 한다. 청소년 소설집 『사과의 사생활』(조우리 지음, 위즈덤하우스, 2023)에 수록된 「할머니의 유튜브 재생 목록」에서 주인공 효리는 자신의 주양육자인 할머니의 휴대전화에 담긴 사진, 문자 메시지, 메모장, 검색 목록 등을 통해 친구의 할아버지와 '연애 중'으로 의심되는 할머니의 모든 것을 단숨에 파악한다. 짧은 순간 죄책감이 밀려오는 한편 전화기 하나에 한 사람의 모든 것이 담겨 있다고 생각하니 소름이 끼치기도 한다. 하지만 전혀 예상치 못했던 할머니의 내면을 들여다본 것을 계기로, 할머니가 사랑하는 사람과 그 손녀인 친구 유진에 대해서도 궁금증이 일기 시작한다. 현실에서의 대화만으로는 어쩌면 이만큼 쉽게 친밀감을 형성하지 못했을 것이다.

『리얼 마래』(황지영 지음, 문학과지성사, 2018)의 주인공 마래는 아주 어릴 적부터 두 개의 정체성을 오가며 살아왔다. 엄마 아빠가 육아 블로그를 통해 남들에게 보여주는 '온라인에서의 나'는 한없이 자유롭고 특별하지만, '현실 속의 나'는 엄마 아빠의 의지에 이끌릴 뿐 자유의지로 할 수 있는 것이 없다. 하지만 마래는 현실 친구들과의 부딪힘 속에서 오해와 상처를 극복하면서 힘겹게 자기 자신을 찾아간다. 이 작품은 온라인 해킹, 익명 프로필을 통해 트롤링이나 집단 괴롭힘 같은 관계적 공격성을 아주 쉽게 드러낼 수 있는 소셜 미디어의 해악도 생생히 그리고 있다. 자녀의 사생활을 당사자 동의 없이 온라인에 게시하는 셰어런팅(sharenting)이 불러오는 문제와 어린이와 청소년들의 사회생활이 많은 부분 온라인으로 옮겨가면서 생기는 부작용들에 대한 경고로도 읽을 수 있다.

## 평등한 네트워크를 통해 확장되는 세계

인터넷은 사실 어린이들이 그 신분을 드러내는 순간 친절을 기대하기 힘든 곳이기는 하지만, 지식과 경험의 공유지로서 어린이들에게 뜻밖의 기회를 제공해주는 장소가 되기도 한다.

『승리의 비밀』(주애령 지음, 바람의 아이들, 2020)은 절박한 고민을 온라인 커뮤니티에 올린 어린이가 좋은 어른의 도움을 받게 되는 이야기이다. 학생회장 선거에 출마한 정민은 초등학생이라는 사실이 최대한 드러나지 않도록 수정에 수정을 거듭하면서 '선거에 이기고 싶다'는 글을 올려 도움을 요청하고, '승리의 비밀'이라는 닉네임을 가진 정치 컨설턴트와 연결된다. 이 작품의 많은 부분은 '승리의 비밀'과 정민 간의 1:1 메신저 대화로 이루어지는데, 초등학교 5학년 어린이를 시종일관 한 사람의 시민이자 정치적 주체로서 대하는 품위 있는 성인의 태도가 인상적이다. 디지털 세계의 시민인 어린이를 보호와 통제의 대상으로 보지 않고, 그들이 무엇을 원하는지를 스스로 말하게 하고, 앞으로 무엇이 필요한지를 깨닫고 실천할 수 있게 할 때 어떠한 세계가 열릴 수 있는지를 상상하게 해주는 작품이다.

### 모두에게 안전한 디지털 환경을 위해

온라인 세계는 대체로 어린이와 청소년들에게 안전하지 않은 공간이다. N번방, 박사방에 이어 최근의 목사방에 이르기까지, 미성년자라는 취약성을 이용해 성 착취물을 만들거나 협박과 심리적 지배 등을 통해 성폭행의 대상으로 삼은 뒤 불법 촬영 동영상을 유포하는 범죄가 끊이지 않는 것을 보면 도통 경계를 늦출 수가 없다. 목사방에는 미성년 피해자가 159명에 달할 뿐 아니라 가해자 가운데 미성년자가 포함되어 있다는 점이 더욱 충격적이었는데, 『사진 속 그 애』(전여울 지음, 박진아 그림, 살림어린이, 2020)에서는 미성년 가해자가 왜, 어떻게 생겨나는지 자세히 경고한 바 있다.

이밖에도 『장난이 아니야』(선자은 외, 키다리, 2023), 「감추고 싶은 폴더」(『감추고 싶은 폴더』, 황지영 지음, 도아마 그림, 노란상상, 2022)는 실제로 어린이와 청소년의 디지털 생활에서 일어나는 성 착취, 그루밍 범죄 등의 사례를 구체적으로 이야기해 주는 작품들이다. 결코 피해자에게 비난이 돌아가서는 안 되며, 디지털 기술 자체가 원인이 아니라 피해자를 정신적·육체적으로 '지배'하고자 하는 가해자의 권력욕에 의해 일어난 범죄임을 말해준다.

왜 이런 일들이 온라인상에서 흔하게 일어나는지, 특히 우리나라에서 잔혹한 디지털 성범죄가 젊은 남성들에 의해 주도되는 이유가 무엇인지, 이 문제를 해결하기 위해 작품 속 주인공들이 어떤 노력을 했는지, 그밖에도 꼭 필요한 사회적 조치는 무엇이 있을지 등등 어린이들과 함께 생각하고 토론해볼 거리가 정말 많다. 『오늘의 어린이책』의 10가지 범주 중에 '안전' 카테고리에 속한 책들도 같이 읽어 보면 더 좋겠다.

### 포스트휴먼의 상상력

디지털 기술의 발전이 열어줄 세계에 대한 상상을 다룬 SF 작품들도 점점 많아지는 추세다. 「리플리」(『자아찾기 ing』, 최상아 지음, 책폴, 2023)와 『플로라』(소피 캐머런 지음, 조남주 옮김, 나무를 심는 사람들, 2022)에서는 복제인간 혹은 인간의 모습을 그대로 구현한 지능형 로봇이 인간의 조건과 본질에 대한 묵직한 질문을 던진다. 특정 온라인 계정에 무수하게 남겨놓은 정보들을 다 모은다면 내 '몸'이 없더라도 '나'를 온전히 구현할 수 있을까. 감정과 의지, 더 나아가 생로병사를 인간의 계획대로 조절할 수 있는 기술의 발달은 과연 우리를 행복하게 해줄 것인가.

『아일랜드』(김지완 지음, 경혜원 그림, 문학과지성사, 2024)의 주인공 '유니온'은 공항에서 여행객들을 탑승구까지 안내하는 업무를 위해 만들어진 로봇이다. 그런데 어느 날 영화감독 제인 리의 질문에 대답을 하지 못한 뒤로 유니온은 자기만의 언어를 갖고 사유를 시작한다. 탐지견 티미, 공항 미화원 안다오 등과 관계를 맺어가면서 끊임없이 자기를 탐색해 가는 유니온을 통해 이 작품 역시 인간과 비인간의 경계가 무엇인지, 인간적 성찰과 사유란 무엇인지를 고민하게 해준다.

『너와 나의 퍼즐』(김규아 지음, 창비, 2024)은 2038년의 우리나라를 배경으로 여섯 살 때 오른팔을 잃은 뒤 로봇 팔을 부착하고 생활하는 은오를 둘러싼 학교생활을 그리고 있다. 무슨 이유에서인지 은오를 싫어하는 전학생 지빈이는 "인간도 아닌 게."라고 모욕을 주고 은오를 친구들로부터 따돌리려 한다. 손상을 극복할 수 있는 기술이 고도로 발달하더라도, 기술 자체에 감탄할 뿐 장애를 가진 몸은 여전히 열등하고 비정상적인 것으로 간주하는 세계에 대한 통찰에 가슴이 서늘하다. 근미래를 배경으로 한 이 작품에서도 현실 세계의 불안과 갈등, 따돌림 등은 아이들이 즐겨 하는 '메리랜드'라는 가상의 게임 세계로 고스란히 이어지는데, 조금씩 서로에게 마음을 열고부터는 현실에서 말하기 어려웠던 속마음을 고백하기도 하면서 해결의 실마리를 찾아 나간다. 『별빛 전사 소은하』(전수경 지음, 센개 그림, 창비, 2020)에서도 '유니콘피아'라는 게임은 설계자의 원래 의도와는 반대로 어린 게이머들이 현실에서의 유대를 바탕으로 현명하게 협업하면서 자신들과 지구를 지키는 중요한 주체로 거듭나는 공간이 된다. 기술이 아무리고도화된다고 해도, 인간과 비인간 혹은 장애와 비장애를 대하는 관점이나 서로 마음을 나누고 관계 맺는 방식은 온라인 세계에도 고스란히 반영될 수밖에 없다. 차별과 배제, 위계가 없는 평등한 세계가 현실에서 구현될 수 있어야만 온라인 세계의 우리도 자유롭고 행복할 것이다.

### 디지털 생활을 손쉽게 해주는 누군가의 노동

어린이 교양 정보책인 『인터넷도 하고 싶고 나와 지구도 지키고 싶어』(미셸 미라 퐁스 지음, 발터 글라소프 그림, 권지현 옮김, 개암나무, 2022)는 우리가 속해 있는 온라인 세계가 사실은 그 어떤 공간보다 물질적인 기반 위에 서 있음을 일깨워 준다. 스마트폰을 만들기 위해 얼마나 많은 광물이 필요한지, 그 엄청난 양의 광물이 어디에서 누구의 손으로 채굴되고 있는지, 데이터 서버를 유지하기 위해 어떤 설비가 필요하고 얼마나 많은 에너지가 소모되는지 등은 평소에 잘 생각하지 못하는 부분일 것이다. 그러므로 그 어떤 정보도 순수하게 공짜일 수가 없다. 디지털 기기는 점점 더 작아지고 간편해지고 있지만, 지속가능한 지구를 위해서는 잠시 디지털에서 물러날 필요도 있다. 디지털 생활 또한 윤리적 소비 차원에서 돌아보게 해주는 의미 있는 책이다.

다소 과격한 주장을 펼친다고 생각했던 『불안 세대』를 읽으면서 인상적이었던 에피소드가 있다. 저자의 여섯 살 난 딸이 "아빠, 나한테서 아이패드 좀 빼앗아 갈래요? 여기서 눈을 떼고 싶은데 그럴 수가 없어요."라고 외쳤던 일화이다. 어린이들도 자신이 스마트폰에 중독되는 것에 대해 누구보다도 불안해 하고 문제가 있다고 느낀다. 그러나 어떻게 해야 거기서 벗어날 수 있을지 스스로 알아내고 실천하기란 힘들다(사실 어른들도 크게 다르지 않다). 대부분의 어른들은 스마트폰 이용을 막거나 제한하고 어떻게 통제할지에 대한 규칙을 정하려고 할 뿐, 어린이들 자신이 통제력을 기를 수 있다고는 잘 생각하지 않는다. 스마트폰을 어떻게 쓰고 싶은지, 좋은 점은 무엇이고 부작용은 무엇인지, 사용 규칙을 지키지 못했을 때는 어떻게 할 것인지 등을 아이들이 스스로 생각하고 사용할 수 있도록 도와줄 필요가 있다.

한편으로는 온라인에서 어린이에 대한 범죄가 어떻게 일어나고 있는지도 구체적으로 알려주고 안전함에 대한 감각을 길러주어야 한다. 그러자면 어른들이 어린이들의 디지털 생활에 대해 지금보다 더 구체적인 관심을 가지고 살펴야 할 것이다. '오늘의 어린이책' 속 어린이들의 디지털 생활을 살펴보는 것에서부터 시작해 보자. 어린이들은 이미 많은 것을 알고 있으며 자기 나름의 통제력과 회복력도 갖고 있다. 어린이·청소년들을 디지털 세계의 동료 시민으로 생각한다면 많은 문제들의 실마리가 서서히 풀릴 수 있을 것이다.

# 오늘의 나다움툰 〈꼭꼭 숨어라〉

글·그림 이혜인(그림책 작가)

# 저는 제3문화권 아이입니다

차호윤*

　제3문화권 아이(Third Culture Kid). 저는 이 단어를 안 지 얼마 되지 않았습니다. 최근 『용을 찾아서』에 대한 인터뷰를 하면서 기자님이 '제3문화권 아이'에 대한 소감을 물어보셨는데, 인터뷰를 잠시 멈춰야 했을 정도로 이 용어가 너무나도 인상 깊었습니다.
　"잠시만요. 처음 듣는 단어인데 조금만 설명을 해주실 수 있을까요?"
　"그럼요.. 제3문화권 아이란 부모의 문화와 다른 문화권에서 성장한 세대를 뜻하는 단어입니다."
　대답을 듣는 순간 많은 생각이 들었습니다. 먼저 저와 비슷한 문화적 배경을 가진 아이들이 제가 작업한 책을 읽으면서 공감과 접점을 찾았다는 것에 감동했고, 함축적인 단어가 생길 정도로 이중문화의 삶을 사는 아이들이 많아졌다는 사실에 놀랐습니다. 그리고 그 아이들과 과거의 제 모습이 겹쳐보였습니다.
　어렸을 때 저는 내적으로 방황을 많이 했습니다. 겉으로는 티를 내지 않

---

* 그림책 작가. 미국에서 태어났으나 초중등 시절 몇 년을 한국에서 보냈다. 동서양의 신화를 배경으로 동양의 청룡과 서양의 붉은 용을 섬세하고 역동적으로 표현한 그림책 『용을 찾아서』로 2024년 칼데콧 영예상과 아시아·태평양 미국문학상 대상을 수상했다.

으려고 했지만 두 문화 사이를 떠돌며 소속감을 찾으려고 했었죠. 주변에 이런 고민을 물어볼 사람도 없어서 과거의 저는 이중문화의 정체성을 항시적인 조율과 갈등이라고 정의를 해버렸습니다. 그때 그런 저에게 유일한 안식처는 책이었습니다. 어렸을 때부터 저는 책을 좋아해서 손에는 항상 책이 들려 있었고 미국 도서관은 집이나 마찬가지였죠.

### 나를 키운 이야기의 힘

저는 한국을 책으로 배웠습니다. 부모님에게 너무 친숙하고 당연한 한국은 미국에서 태어난 저에겐 미지의 세계였죠. 부모님은 그런 저와 동생을 위해 책장을 한국 책들로 가득 채우셨습니다. 한국의 전래동화부터 역사책, 심지어 한국어로 번역된 외국 동화책을 매일 밤 저와 제 동생에게 읽어주셨습니다. 그때부터 저는 한국과 한국어에 대한 호기심이 생겼습니다. 저는 부모님이 그리워하시는 한국을 이해하고 싶어서 부모님의 설명을 쫓아가며 어떻게든 한국을 가슴에 새겼고 책장에 있는 책들이 너덜너덜해질 때까지 읽었죠.

자라면서 저의 세상이 넓어질수록 부모와의 접점이 적은 미국 문화에 스며들었습니다. 가족 영역에서 벗어난 바깥의 생활은 집과 많이 달랐고 노력할수록 더 치이고 엇나가는 느낌이 들었죠. 집 밖 주변의 반응과 눈길이 차가운 물결이 되어 저의 마음을 울렁거리게 했습니다. 미국 생활 하루하루의 틈새로 그 물결은 끊임없이 저를 덮쳤습니다. 학교 친구가 손가락

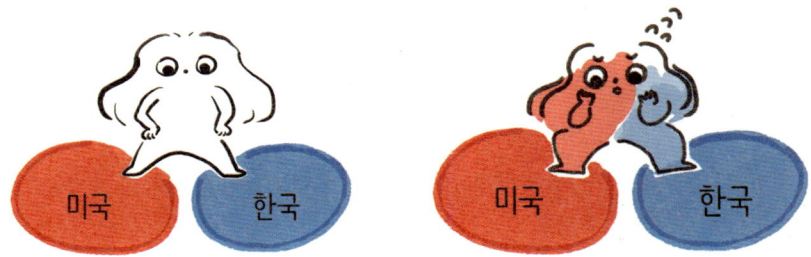

으로 눈을 찢으면서 나를 가리켰을 때, 나의 전부인 부모님이 집 바깥에서 차별을 받았을 때…. 한 번 두 번 일렁이던 물결은 나중에는 큰 파도로 덮쳤고, 어린 저는 그제야 깨달았습니다. 나는 주변사람들과 많이 다른 두 문화권 '사이'에 걸터앉은 이방인이라는 것을.

다름을 인정해야 한다는 것은 생각보다 충격으로 다가왔습니다. 다르다는 것은 '정상'이나 '보편'이라는 게 있다는 걸 인정하는 건데, '정상'은 뭐고 '보편'은 무엇일까, 하고 스스로에게 물어보곤 했죠. 한없이 소심하고 작아진 저는 정답을 찾으려고, 또 이런 고민을 잊고 싶어서 셀 수 없이 많은 이야기를 읽었습니다. 산드라 시스네로스의 『망고 스트리트』, 손 탠의 『도착』, 린다 수 박의 『널뛰는 아가씨』 등 읽을수록 새로운 책이 너무나도 많았고, 상상도 못한 다른 세상에 빠져들면서 현실과 다른 문화권에서 사는 캐릭터에 빠져들었습니다. 저의 정체성에 대한 답을 완전히 찾진 못했지만 깨달음을 얻었습니다. 사람에게는 하나의 모습이나 보편적이 모습이 없다는 것을. 그리고 한 사람 한 사람은 모두 특별한 이야기를 지니고 있다는 것을. 누구든 이야기를 만들 수 있다는 것을.

▲ 작가가 직접 그린 일러스트. 두 문화의 조율보다는 진정한 '나다움'을 찾은 아이를 표현했다.

◀ 차호윤 작가

### 나다움을 디딤돌 삼아

이때부터 저는 '다름'을 흠이라고 생각하지 않고 저만의 이야기로 서서히 인식하기 시작했습니다. '정상'과 '보편'의 일관성 없는 테두리에 연연할 것이 아니라 나의 '다름'이나 '나다움'을 이해하고자 용기를 냈죠. '나다움'을 이해할수록 저는 저 자신의 진정성을 찾을 수 있었습니다.

책으로 용기를 얻은 저는 그림을 그리기 시작했습니다. 소심하고 자신감 없는 저에게 그림은 숨구멍과 같았죠. 그리고 그 숨구멍은 저에게 목소리가 되어 주었습니다. 저는 그림을 그릴 때 제가 무엇을 표현하고 싶은지 오래 고민할 수 있다는 것이 너무 좋았습니다. 그리고 작품을 부분적으로 수정하고 다듬으면서 안정감을 느꼈고 내면의 고민과 갈등으로 화폭을 가득 채웠죠. 내면을 시각화하여 작품으르 풀어내니 그림을 통해서 제 내면을 찬찬히 정리할 수 있게 되었습니다. 그리고 어느덧 저는 그림책 작가가 되어 저처럼 해매는 아이들에게 힘이 될 수 있지 않을까 하는 마음으로 작품에 임하고 있습니다.

담담하게 적은 지극히 개인적인 이야기지만 이것은 제가 직접 느낀 책과 이야기의 힘입니다. 이야기는 사람과 사람 사이를 이어줍니다. 우리는 이야기를 통해서 접점을 찾으며 공감하고 비교를 하면서, 스스로에 대해 알게 되고 시야를 주변으로 넓혀 바라볼 수가 있죠. 다양한 이야기는 '다름'과 '차이'의 강조가 아닙니다. 다양성은 '화음'과 '조화'를 이해하기 위한 첫걸음이죠. 그리고 이중문화의 이야기가 하나 둘 모여 만들어진 용어가 아마도 '제3문화권 아이들'이겠죠.

오늘의 아이들은 '제3문화권 아이들'이라는 단어를 이용해서 자신의 존재를 포괄적으로 표현할 수 있습니다. 문화권 사이의 여백을 하나의 가능성으로, 두 문화의 조율을 강조하기보다 어느 누구에게도 자신의 존재에 대해 정의할 필요 없이 자기 자신을 소개하겠죠. 갈등과 고민이 없는 것은 아니겠지만 오늘의 아이들은 이 용어를 나침반처럼 들고 자기와 비슷한 이야기인 책을 찾아 정답을 찾을 겁니다. 그리고 아마도 '제3문화권 아이들' 안에 다양한 다른 이야기들이 피어나 새로운 접점을 만들고 새로운 소속감이 생길 수도 있겠죠.

    제3문화권이란 단어를 디딤돌 삼아 저는 저와 비슷한 경험을 한 오늘의 아이들과 조금 더 빨리 만나고 조금 더 자신 있게 이야기를 공유할 겁니다. 그리고 훗날 그 아이들의 작품과 이야기들이 미래의 아이들에게 또 다른 디딤돌이 되겠죠. 그렇게 우리는 책과 이야기로 '나다움'과 진정성을 향해 한 발 한 발 나아갈 겁니다.

# "가시화는 모두에게 중요합니다."
– 『누가 진짜 엄마야?』의 작가 버나뎃 그린

모글리*, 윤아름**

　호주 멜버른에서는 매년 1~2월 퀴어 예술 문화 축제인 미드섬마 페스티벌(Midsumma Festival)***이 열린다. 성소수자 문화를 가시화하고, 다양성의 가치를 지향하며 누구에게나 안전하고 포용적인 도시 공동체를 만들기 위한 행사다. 2025년에는 1월 19일부터 22일간 도시 곳곳에서 공연, 전시, 스포츠, 파티, 워크숍 등 200개 이상의 프로그램이 진행됐다. 어린이가 있는 성소수자 가족을 위한 예술 워크숍, 과학을 주제로 한 드래그 뮤지컬 '레인보우 쇼', 주립 도서관의 스토리타임 등 어린이를 위한 다채로운 프로그램이 눈에 띄었다.

　축제 기간 중 멜버른 도클랜드 해안가에 자리한 공공도서관(Library at The Dock)에서 그림책 『누가 진짜 엄마야?』의 작가 버나뎃 그린을 만나 이야기를 나누었다. 『누가 진짜 엄마야?』는 동성 커플인 두 엄마와 딸로 이루어진 가족의 밝고 재치 넘치는 이야기다.

---

\* 초등교사. 전국교직원노동조합 성평등특별위원
\*\* 초등교사. 전국교직원노동조합 성평등특별위원장
\*\*\* midsumma.org.au

Q 이렇게 멋진 도서관에 초대해주셔서 감사해요. 이 자리에서 만나기까지 메일을 여러 번 주고받았는데 작가님이 이메일 자기 소개란에 우룬저리족의 땅에 살고 있다고 적으신 것이 인상적이었어요. 이것은 작가님에게 어떤 의미인가요?

요즘은 저 같은 비선주민들도 우리가 살고 일하는 땅에 대한 존중과 감사를 표현하는 일이 점점 많아지고 있어요. 사소하지만 중요한 행동이라고 생각해요. 제가 어렸을 때는 호주 선주민에 대해 아무것도 배우지 못했어요. 아직 갈 길이 멀지만 많이 바뀌었죠. 저와 파트너가 우리 딸들이 다녔던 초등학교를 선택한 이유 중 하나는 선주민의 문화와 언어를 배우는 프로그램이 있었기 때문이에요. 이런 프로그램이 우리 공동체 전체를 긍정적으로 변화시킬 수 있다고 생각해요.

▲ 도클랜드 도서관(Library at The Dock)

Q 『누가 진짜 엄마야?』에 대해 이야기 나눠볼까요? 한국에는 레즈비언 커플과 자녀 이야기가 담긴 어린이책이 거의 없어서 궁금한 것이 많았어요. 책머리에 '"누가 진짜 엄마야?"라는 질문을 수없이 들어 어떤 느낌인지 잘 아는 루신다와 우마에게'라고 쓰셨어요. 이것을 보고 작가님의 경험에서 나온 이야기라는 것을 알 수 있었죠. 이 책을 쓰신 특별한 계기가 있나요?

엄마가 두 명인 저희 아이들이 학교에 다니기 시작했을 때 자주 들었던 말 중 하나가 바로 책 제목과 똑같은 "누가 진짜 엄마야?"였어요. 저는 어린이들이 순수한 호기심에서 던지는 질문에 동성 부부 가족의 아이들이 부담을 느끼지 않도록 유머와 우정을 담아 답해주고 싶었어요. 가족은 혈연 이상의 의미로 연결될 수 있다는 걸 보여주면서요.

▲ 버나뎃 그린

저희 아이들의 친구들은 열린 마음으로 받아들이기도 했지만, 당시에는 동성 부부 가족에 대한 이해가 부족했어요. 그저 자기 가족과 다른 형태의 가족을 이해하고 싶은 마음으로 질문했다 하더라도 동성 부부의 자녀들은 매우 혼란스럽거나 상처받을 수도 있어요.

저 또한 두 딸 중 누가 진짜 제 딸인지 질문을 받았었고, 이 책은 그 질문에 대한 답이기도 해요. 저는 한 아이의 생물학적 엄마예요. 하지만 둘 다의 엄마이기도 하죠. 생물학적 사실은 아이들 이야기의 한 부분일 뿐, 전부는 아니에요.

**Q 주인공 엘비는 자신이 맞닥뜨린 문제를 아주 재치 있는 방식으로 풀어나갑니다. 이렇게 사랑스러운 캐릭터를 어떻게 만드셨나요?**

가끔 우리는 불편하고 어색한 대화를 나눈 후에 좀 더 나은 말을 생각해내곤 해요. 우리 자신과 신념에 더 충실하게요. 엘비는 니콜라스의 질문에 자신과 가족이 긍정적으로 느껴지는 방식으로 대답해요. 처음에는 유머로 질문을 흘려보내지만, 결국 니콜라스에게 두 엄마 모두가 진짜 엄마라는 걸 깨닫게 하죠. 따뜻하면서도 당당한 캐릭터를 만들고 싶었어요. 불편함은 덜어내면서 동시에 웃기고 재밌는 방법으로 니콜라스와의 대화를 이어갈 인물요. 저는 어렸을 때 동물을 좋아했어요. 용처럼 환상적인 동물도요. 상상력이 풍부하고 장난기 많은 캐릭터를 원했고 엘비가 딱 그런 모습이에요.

**Q 엘비와 니콜라스의 대화가 매우 흥미롭습니다. 작가님도 평소에 가족이나 친구들과 그런 상상력 넘치는 대화를 하시나요?**

제 딸 중 한 명은 지금까지도 역할놀이를 아주 좋아해요. 우리는 시대를 넘나드는 역할놀이에 자연스럽게 빠져들어요. 정말 재밌어요. 두 캐릭터의 대화를 쓰면서 엘비와 니콜라스, 두 어린이의 시각에서 세상을 바라보려 했어요. 엘비는 말도 안 되는 질문을 받아요. 엘비에게는 두 엄마가 모두 진짜 엄마죠. 그래서 엘비는 대답을 하며 재미를 찾아요. 니콜라스의 호기심과 답답함 또한 그 입장에서는 이해가 되죠. 두 인물의 긴장으로 인해 대화는 재밌어지고 자연스럽게 흘러가요. 저는 작가들이 각자 다른 장점을 갖고 있다고 생각해요. 저는 대화문을 쓰는 것은 좋아하지만 묘사하는 것은 어려워요. 그림책에서는 그럴 필요가 없어서 다행이에요.

**Q** 가족의 여러 추억이 담긴 액자를 바라보는 엘비의 모습에서 사랑과 따뜻함을 느낄 수 있었어요. 이 장면에 등장하는 사진들도 작가님의 실제 경험에서 나온 것인가요?

정말 아름다운 장면이죠. 아이가 그린 그림은 편집자 딸의 작품이에요. 다른 것들은 그림 작가 애나 조벨의 삶이 반영되어 있어요. 여기 졸업하는 여성은 애나의 어린 시절 우등상을 받으며 졸업하셨던 애나의 어머니에서 따온 것이고요. 고양이의 사진은 실제로 애나의 고양이에요. 책 전체에 걸쳐 등장하기도 하죠. 이 장면 외에도 애나의 삶이 녹아 있는 장면이 여럿 있어요. 책에 나오는 부엌도 애나의 부엌과 비슷해요.

**Q** 작가님이 가장 좋아하는 장면이 있나요?

애나의 모든 그림을 사랑해요. 재미있는 것은 책을 읽을 때마다 좋아하는 장면이 바뀐다는 거예요. 예전에는 어린이들이 펠리컨 등에 타고 하늘을 날고, 엄마들이 용의 발톱을 잘라주는 장면을 가장 좋아했어요. 제가 어렸을 때 날고 싶었기 때문이기도 하고, 이 장면의 색감과 디테일을 사랑하기 때문이에요. 오늘은 마지막 몇 장이 가장 마음에 들어요. 엘비가 엄마들이 자신을 위해 해주는 것들을 말하는 장면이요. 무서울 때 손을 잡아주고, 이불을 덮어주며 잘 자라고 뽀뽀해주는 엄마들이요. 많은 가족에게 보편적인 모습이고, 니콜라스와 부모님의 관계에서도 비슷할 거예요.

**Q** 책이 나왔을 때 가족과 친구들의 반응은 어땠나요? 기억에 남는 독자의 반응이 있으세요?

가족과 친구들은 저를 정말 자랑스러워했고 행복해했어요. 글을 쓰고 책으로 출판되는 일이 저에게 얼마나 큰 의미였는지 잘 알고 있었으니까요. 독자들의 반응 중에서는 동성 부부 가족에게 들은 이야기가 가장 좋았어요. 우리 아이들처럼 비슷한 질문을 받은 그들의 아이들에게 책을 읽어줬대요. 동성 부부를 주제로 하면서 재밌고 편하게 즐길 수 있는 책이 생겨서 감사하다고 했어요.

**Q 한국에서는 최근 아이를 낳은 레즈비언 커플이 언론에 공개되어 화제가 됐습니다. 책 속의 이야기가 이제 막 시작된 셈이죠. 이 가족을 지지하고 환영하는 사람도 있지만 낯설어하는 사람도 많아요. 작가님의 어린 시절, 딸들의 어린 시절, 그리고 현재에 이르기까지 다양한 가족을 받아들이는 호주의 사회적 분위기는 어떻게 달라졌나요?**

제가 어렸을 때 성소수자로 사는 건 정말 쉽지 않았어요. 고등학교에서 여학생끼리 키스하다가 발각된 후 따돌림을 당한 일이 있었어요. TV에는 성소수자가 거의 나오지 않았고요. 호주의 주요 신문 1면에 처음으로 실린 동성 커플이 키스하는 사진을 기억하고 있어요. 성소수자 인권 쟁취를 위한 행진 중의 한 장면이었죠. 제가 다니던 직장에서 몇몇 남성들은 그 사진에 분개해서 신문을 불태웠어요.
하지만 제가 점점 나이 들면서 성소수자로 정체화하는 것이 조금 더 용인되는 사회 분위기가 만들어졌어요. 사는 지역에 따라 차이는 있었죠. 저와 파트너가 만났을 무렵에는 가족 중에 우리를 받아들이기 힘들어하는 사람도 있었어요. 심지어 아이들이 태어난 후에도 우리는 결혼식 같은 가족 행사에서 배제됐어요. 지금은 많이 바뀌어서 아이들은 가족들에게 사랑받고 있어요.
제가 엄마가 되었을 때는 항상 커밍아웃해야 할 것 같은 느낌을 받았어요. 당연히 남편이 있다고 생각하는 사람을 만나면 무지개 깃발을 흔들어야 할 것 같고, 제가 엄마가 되기까지의 모든 여정을 설명해야 할 것 같은 거예요. 근데 이건 그들에게도, 저에게도 당황스러운 일이죠. 지금은 동성 커플의 양육에 동의하지 않는 사람들조차도 어느 정도는 받아들이는 듯해요.

우리 아이들은 다양한 가족이 가시화되지 않아 고립된 느낌을 받았대요. 아이들이 초등학생 때 성소수자 가족이 나온 그림책 몇 권을 학교에 기증했는데 선생님이 교실에서 학생들과 함께 읽을 책이 생겼다고 기뻐하셨어요.

동성결혼 법제화를 위한 투쟁은 정말 중요했어요. 특히 우리 아이들에게요. 마치 이 사회에서 우리 가족이 완전히 새로운 수준의 정당성을 갖게 된 느낌이었어요. 그동안 우리 같은 가족은 사회에서 보이지 않는 존재처럼 여겨졌는데, 갑자기 많은 사람이 "네 가족도 괜찮아."라고 말하기 시작한 거예요. 막내의 반 친구들은 정말 큰 지지를 보내줬고, 동성결혼 반대 운동(노 캠페인 'No' campaign)의 부정적인 메시지에 맞서 주었어요.

호주에서 동성결혼이 법제화된 이후, 하룻밤 새에 성소수자가 미디어와 광고에서 가시화되기 시작했어요. 어느 날 쇼핑센터에 갔는데 큰 전광판에 여성 커플이 나오는 것을 봤어요. 저랑 파트너는 신나서 가던 길을 멈추고 전광판을 배경으로 셀카를 찍었어요. 우리 아이들은 민망해했지만요.

**Q 최근 신작 『Saturday is Pancake Day』가 나왔어요. 이번 책도 동성 커플 가족 이야기인데요. 계속 이 주제로 책을 쓰시는 이유가 있나요?**

레즈비언 엄마로서 성소수자 가족들에 대해 쓰고 싶은 건 자연스러운 일이에요. 전통적인 가족에 대해 쓰지 않겠다는 말은 아니지만, 아직 그런 내용에 끌리진 않아요. 게다가 아직도 다양성에 대한 이야기는 충분하지 않으니까요. 많이 나아지긴 했지만 갈 길이 멀죠.

첫째 딸이 초등학교에 다닐 때 혼란스러워한 적이 있어요. 우리는 집에서 그저 평범한 가족인데, 학교에 가면 우리 가족은 마치 존재하지 않는 것 같다고요. 함께 읽는 책에도, 함께 준비하는 연극에도 우리 같은 가족은 볼 수 없었던 거예요. 아이들에게 다양한 사람들의 현실이 반영된 책을 보여주는 것은 긍정적인 효과를 줄 거라 확신해요.

**Q 신작을 함께 작업한 대니얼 그레이 바넷은 한국에서 인기가 많아요. 그와 같이 작업한 과정은 어땠는지 궁금해요.**

출판사가 어떤 그림 작가를 연결해 줄지 몰랐어요. 저는 대니얼의 『완벽한 생일 파티』를 갖고 있었는데 그림 스타일이 제 글에 나오는 혼돈 그 자체의 부엌 장면에 딱 맞을 거라 생각했어요. 그래서 대니얼이 그림을 맡게 된다는 것을 알았을 때 너무 신이 났어요.

원고를 넘겼으면 글 작가로서 제가 할 일은 다 끝났으니까 이젠 그림이 진행되기를 기다립니다. 대니엘과 저는 직접 소통하지 않고 편집자를 통해 작업했는데 첫 스케치를 받았을 땐 마치 암호 같았어요. 페이지마다 대부분 동그라미가 그려져 있었거든요. 대니엘은 이렇게 개요를 넣는 방식으로 작업을 하는데, 다음 단계는 완성에 가까울 거라고 편집자가 말하더군요. 몇 달 후 거의 완성된 그림을 받았는데, 제가 생각했던 가족이 여우 가족이 된 걸 보고 깜짝 놀랐답니다. 하지만 놀란 것도 잠시, 그림을 본 지 몇 초 만에 저는 이 여우 가족과 사랑에 빠졌어요. 대니엘이 등장인물들을 여우로 그려줘서 정말 행복했어요.

**Q** 한국에서는 보수 극우 세력의 압력으로 성평등, 성교육, 성소수자 인권을 다룬 도서를 검열하고 공공도서관에서 폐기하는 일이 있었습니다. 호주에서도 비슷한 일이 일어난 적이 있었나요? 이 사건에 대해 어떻게 생각하십니까?

작년 시드니의 한 지역 의회가 관내 도서관에서 동성 양육자가 등장하는 모든 서적을 퇴출하기로 결정했었습니다. 많은 사람이 충격을 받았고, 시민들의 격렬한 항의가 있었어요. 다행히 2주 만에 지역 의회는 결정을 철회했지만, 아직도 특정 도서를 도서관에서 퇴출하려는 사람들이 있어요. 드래그 퀸 스토리타임은 드래그 퀸이 도서관에서 어린이들에게 책을 읽어주는 행사인데요, 이에 대한 민원과 협박이 쇄도하는 바람에 공공의 안전을 보장하기 어렵다는 이유로 어떤 도서관들은 드래그 퀸 스토리타임을 취소해야만 했어요. 하지만 이에 대항하는 멋진 움직임도 있어요. '레인보우 커뮤니티 엔젤스'라는 자원봉사 단체 이야기를 들려드릴게요. 이들은 드래그 퀸 스토리타임에 직접 참여해서 행사가 안전하게 진행될 수 있도록 도와요.

개인적으로는 딱 한 번 어느 선생님께 이런 이야기를 들은 적이 있어요. 『누가 진짜 엄마야?』를 교실에서 읽어줬는데 한 양육자가 민원을 넣었다고 해요. 그래서 학교 관리자는 이 책을 어린이에게 읽어주지 말라고 했고요. 학교 도서관에 책은 여전히 남아 있긴 했지만, 그 후로 어린이들에게 책을 읽어주는 일은 없었대요. 저는 교사이기도 한 애나 조벨에게 이 사건을 이야기했어요. 애나는 모든 학교 도서관에 사서가 없는 것이 문제라고 했어요. 훌륭한 사서들은 어린이들이 좋은 책을 접할 권리를 지키기 위해 싸우고 있다고요.

---

\* rainbowcommunityangels.org.au

**Q 마지막으로 다움북클럽과 한국 독자들에게 하고 싶은 말씀이 있다면 부탁드려요.**

다양성을 지향하는 책을 위해 싸워주셔서 감사해요. 자신의 이야기 바깥으로 나와 더 많은 사람과 연결될수록 우리 모두 더 좋은 삶을 살게 될 거예요. 모든 가족은 차이점보다 공통점이 더 많아요. 한부모 가족, 이주 배경을 가진 가족, 장애인이 있는 가족, 성소수자 가족, 이런 요소들이 합쳐진 가족 등 어떤 가족이라도요. 우리는 어린이들이 자기 자신과 커뮤니티를 긍정적으로 생각하는 건강한 어른이 되길 원하죠. 저는 이야기를 공유하는 것이 어린이들의 삶의 여정에 도움이 된다고 믿어요. 어린이들이 책 속에서 자신과 닮은 캐릭터를 발견하고, 혼자가 아니라는 것을 느낄 수 있길 바랍니다. 가시화는 모두에게 중요합니다.

# 지금 우리에게는 성평등 도서가 필요하다!

지오*

### 검열의 시작과 확대

    2023년 충남 지역의 보수 학부모 단체가 성평등·성교육 도서에 대해 유해도서라는 딱지를 붙여 폐기 민원을 제기한 것을 시작으로 학교도서관과 공공도서관에서 성평등 도서를 퇴출하는 움직임이 전국 지자체로 확산되었다. 이는 명백한 검열의 문제로서 비판해야 하며, 이러한 성평등·성교육 도서 퇴출이 왜 발생하고, 누구의 권리를 제한하는 일인지에 더욱 주목해야 한다. 성평등·성교육 도서 퇴출은 성적 권리에서 제외된 어린이, 청소년, 성소수자, 장애인, 이주민 등 이미 교육 현장에서 차별적 위치에 있는 이들이 자유롭고 평등하게 배울 권리를 박탈하는 매우 중대한 문제이다. 성평등 도서 검열과 포괄적 성교육의 필요성을 이야기하는 것은 성적 권리에서 누가 배제되는가, 용인되는 성적 권리는 무엇인가, 성별 이분법에 부합하는 정체성과 몸의 기준은 무엇인가 하는 질문에 닿아 있고, 교육 현장에서 차별 문제를 어떻게 다룰 것인지에 긴밀하게 연결된다. 성평등·성교육 도서 퇴출은 보수 개신교 세력을 중심으로 동성애 혐오에 기반하

---

\* 행동하는성소수자인권연대 운영위원장, 차별금지법제정연대 공동집행위원장. 이 글은 차별금지법제정연대 성평등 도서 퇴출 대응을 함께하는 활동가들의 토론과 글에 기대어 작성했다.

여 성별이분법, 정상가족 이데올로기를 강화하려는 일련의 맥락 속에 있다. 집단적으로 퀴어문화축제를 훼방하고, 2014년 '성평등기본법'의 명칭을 '양성평등기본법'으로 변경하고, 2022년 개정 교육과정에서 '성소수자', '재생산', '섹슈얼리티', '성평등'이라는 용어가 삭제되고, 차별금지법을 반대하고 학생인권조례를 폐지하는 흐름과 연결되어 있다.

이런 흐름은 보수단체들이 성소수자를 적대하며 세력을 결집하는 자양분이 되었다. 긴 시간 동안 세력을 강화해온 보수 개신교 세력은 지역의 풀뿌리를 기반으로 더욱 세밀한 전략으로 혐오 공작에 나서고 있다. 참여자의 인원 수로 떼를 쓰는 방식에서 민원의 형식을 갖추고, 종교 세력이 아닌 학부모라는 이름으로 문제를 제기하고, 보수 개신교라는 이미지를 드러내지 않는 쪽으로 전략을 바꾸었다. 정치가 이를 용인하고 동조하고 있다는 점은 더욱 문제다. 성평등을 억압하고 페미니즘을 왜곡하며 힘을 키운 정치가 사회의 대립과 갈등을 심화하고 공론장을 통한 의견 형성을 막아왔다고 해도 과언이 아니다. 이는 다시 사회의 각 분야에 영향을 미쳐 공공의 영역에서 성평등 도서 검열과 폐기라는 퇴행으로 이어진 것이다.

### 차별 반대의 목소리

이러한 문제의식 속에서 차별금지법제정연대*는 성평등·성교육 도서 퇴출에 주목하고 반차별의 관점에서 돌파하고자 활동해왔다. 2023년 충남에서 처음 사태가 발생했을 때부터 결합하여 도서 퇴출이 어떤 권리들을 침해하는지 토론하고 인권위원회에 진정하는 등의 활동을 진행했다. 2024년에는 활동을 통해 쌓은 문제의식을 바탕으로 인권사회운동 단체들과 시민들이 함께 참여할 수 있는 활동들을 추진했다.

---

* 포괄적 차별금지법 제정을 위해 다양한 단체들이 함께 실천하는 연대체. 포괄적 차별금지법은 인간의 존엄과 평등을 실현하기 위해 차별의 예방과 시정에 관한 내용을 담은 법이다.

◇ **6월 성평등 도서 낭독 기자회견**

◇ **10월 성평등 토론회**

◇ **11월 12월 평등 낭독회, 성평등 권리선언**

    이 자리에 모인 모든 시민들은 퇴출된 도서 목록을 보고 의아해 했다. 본인이 자녀의 성교육에 활용했던 책, 더 일찍 출판되지 않은 것이 아쉽기만 한 책, 너무 좋아서 몇 번이고 다시 읽었다는 책, 아이와 함께 읽고 싶은 책, 필독서로 선정된 책 등등 퇴출이 아니라 권장해야할 도서 목록에 가까웠기 때문이다. 낭독회를 함께 한 시민들은 저마다 삶의 배경이나 입장, 가치관이 달랐지만 함께 책을 읽는 동안 서로 유대감이 생겼다. 같은 책인데 각자 낭독하는 부분이 다르다는 것도 알게 되었다. 책이 서로의 삶에 어떻게 닿아 있는지를 받아들이는 여유와 여백이 낭독회를 채웠다.

### 함께 책을 읽으며 – 성평등·성교육 도서 퇴출에 맞선 현장들

    성소수자 자긍심의 달(LGBTQ+ Pride Month)의 첫날이자 제25회 서울퀴어문화축제가 개최되었던 2024년 6월 1일에는 60여 명의 시민들과 함께 낭독 기자회견을 진행했다. '책 읽는 서울광장'을 운영한다며 서울광장에서 축제 개최를 불허한 서울시가 한편으로는 성평등·성교육 도서 열람 제한 사태에 동조하는 것은 기만적인 행정이란 점을 꼬집었다. 당일 참여한 시민들은 자신이 가져온 성평등 도서를 소개하고 한 구절씩 낭독하였다. 주변이 어수선한 가운데에서도 꿋꿋하게 마이크를 돌리며 한 명 한 명 책을 소개할 때 뭉클함이 올라왔다. 함께하는 서로에게 용기와 위로를 건네고 있음을 느꼈기 때문이다.

> "학교에서 어떠한 존재라는 이유로 차별이 이루어지는 것이 '보호'라고 말할 수 있습니까? 사회에서 성소수자라는 이유로 이루어지는 혐오와 폭력을 묵인하는 것이 안전한 사회를 향한 길이라 할 수 있습니까? 학교에서, 도서관에서, 그리고 시민의 공간인 이 광장에서 한 존재를 지우는 것이 정당합니까?"
>
> – 유랑(성소수자 교사 모임 QTQ 활동가)

> "학생들은 성에 대한 기본적인 지식과 교육을 접할 기회를 빼앗겼습니다. 그렇다면 학생들은 어디에서 배워야 하는 건가요? 인터넷을 통해 그릇된 성 지식을 쉽게 접할 수 있는 환경에서 검증된 책을 읽을 권리를 빼앗는 게 옳은 선택이라 할 수 있습니까? 문제는 그것으로 끝나지 않습니다. 도서관에서 일하는 사서들의 자율권은 침해되고 있습니다. 출판사와 저자들에게는 자기 검열이 시작될 것입니다. 정부가 제대로 대응하지 못해 발생할 수 있는 결과들입니다. 단순히 도서관에서 책 한두 권을 빼는 문제가 아니라는 얘기입니다. (…) 하지만 윤석열 정부는 알아야 합니다. 표현의 자유가 사라진 바로 그곳에서 저항의 씨앗이 자라납니다."
>
> – 권순택(혐오와 검열에 맞서는 표현의 자유 네트워크, 언론개혁시민연대)

8월에는 성평등 도서, 젠더-섹슈얼리티, 그리고 차별의 문제를 연결하여 대응을 모색하는 토론회를 진행하였다. 11월과 12월에는 학교도서관의 성평등·성교육 도서를 검열해 2,517권을 폐기하고, 3,340권의 열람을 제한한 경기도교육청을 규탄하며 교육청이 폐기한 성평등·성교육 도서를 함께 읽는 평등 낭독회를 진행하였다. 12월 3일에는 경기도교육청이 참여하는 '교육의 미래' 포럼이 열린 수원컨벤션센터로 이동하여 학교에 검열을 시도

하면서 교육의 미래를 운운하는 기만적인 경기도교육청에 더욱 목소리를 높였다.

▲낭독 기자회견 - 6월은 자긍심의 달, 도서관을 무지갯빛으로 물들이자!

2024년 6월 1일 서울도서관 앞

- 공동주최: 성소수자차별반대 무지개행동, 전교조 성평등특별위원회, 전교조 여성위원회, 전국언론노동조합 출판노조협의회, 차별금지법제정연대, 학생인권법과 청소년인권을 위한 청소년·시민전국행동, 행동하는 성소수자인권연대, 혐오와 검열에 맞서는 표현의 자유 네트워크

> 이 책을 폐기 처분한다는 것은 저희와 같은 다양한 젠더 정체성을 가진 사람들을 지운다는 말과 같다는 생각이 듭니다-. 하지만 저희는 이 사회에 이미 존재하고 있고요. 지우려 한다고 지워지지 않을 것입니다.
> 
> 소하(서울인권영화제) / 『나의 젠더 정체성은 무엇일까?』

> 남자다움과 여자다움을 벗어나서 자기가 좀 더 행복하고 가족에 맞는 어떤 선택을 할 수 있는, 그런 생각을 하게끔 하는 이 책이 왜 검열이 되었는지 다시 한 번 경기도 교육감은 생각을 해 주셨으면 좋겠습니다.
>
> 라마(수원여성회) / 『아빠 인권 선언』

> 평소에 청소기 하나를 사도 언제나 사용 설명서가 있고, 다 안다 하더라도 사용 설명서가 있잖아요. 그런데 저는 제가 여성으로서 지금까지 살아오면서 내 몸에 대해서 제대로 배워본 적은 없다고 생각을 해요. 굉장히 많은 분들이 싸움과 연구와 투쟁을 통해서 이런 책들이 이제는 세상에 나올 수 있게 됐는데, 이것을 검열한다는 이야기를 듣고 참 많이 답답했습니다.
>
> 변정화(부천새시대여성회) / 『소녀들을 위한 내 몸 안내서』

> 나의 몸과 섹슈얼리티, 연애, 자위, 섹스를 이야기하는 건 내 모든 권리와 연결될 수밖에 없습니다. 우리가 더 많은 욕망과 실패했던 경험들을 함께 지지하면서 더 즐겁고 더 재밌게 섹슈얼리티를 말할 수 있도록 성교육 도서를 모두의 자리로 되돌려놓는 투쟁을 같이 해나갑시다!
>
> 진은선(장애여성공감) / 『소녀 x 몸 교과서』

12월 10일 세계인권선언일에는 '평등 낭독회'의 연장선에서 경기도교육청을 규탄하고 성평등 권리가 지금 여기에 필요하다는 것을 알리기 위해 <12.10 세계인권의날 맞이 성평등 권리 선언대회>를 열었다. 경기도의회 남부청사 앞에 모인 시민들은 윤석열 퇴진과 함께 성평등을 함께 외쳤다.

도서 검열뿐만 아니라 도서 검열을 정당화할 우려가 있는 조례까지 통과시켜 논란이 되고 있는 충남 지역에서 활동하는 어린이책시민연대 활동가분들도 먼길 마다 않고 올라와 연대해주었다. 도서 검열은 한 지역만의 문제가 아니라 전국적으로 퍼져가는 일이라는 점에서 지역과의 연대가 중요하다.

▲평등낭독회 - 성평등 도서를 모두의 자리로!

2024년 11월 19일, 11월 26일, 12월 3일 경기도의회 남부청사, 수원컨벤션센터

▶ 공동주최: 성평등 성교육 도서 대규모 폐기 사태 대응 시민캠페인단(경기여성단체연합, 다산인권센터, 민주사회를 위한 변호사모임 교육위원회, 전교조 경기지부, 정치하는 엄마들, 차별금지법제정연대, 평등교육실현을 위한 전국학부모회 경기지부, 참교육을 위한 전국학부모회 경기지부)

"성평등 정치로 성차별 정치를 몰아내자. 평등 정치의 기회와 공간을 넓히는 시도를 더 가열차게 해가자. 성평등 없이 모든 시민의 평등한 삶이 가능하지 않기에 우리는 성평등 도서를 계속 펼치고 읽을 것이다. 오늘 모인 우리들은

> 서로 다른 삶에서, 나다운 말과 행동으로, 모두의 삶을 지키는 더 단단하고 너른 성평등을 펼쳐갈 것을 선언한다."
>
> — 〈성평등 도서 폐기에 맞서는 성평등 권리 선언문〉 중

> "학교 도서관에서 성평등과 다양한 소수자 인권을 다루는 도서들이 사라진다면, 성소수자와 같은 사회적 소수자 청소년들이 책을 통해 자신과 비슷한 고민을 가진 주인공을 만나고, 그의 여정에 따라가며 삶의 용기를 얻고, 나의 미래를 그려볼 수 있는 기회를 잃어버립니다. 모든 청소년들이 우리 사회의 다양성을 이해하고, 이 세상을 더욱 평등하고 존엄한 사회로 만들어 갈 역량을 길러 나갈 기회를 잃어버립니다."
>
> — 호림(성소수자차별반대 무지개행동 집행위원)

검열에 맞서 시민들과 함께 책을 읽고 고민했던 지난 1년의 시간, 대립과 반목의 끝에 도사린 폭정의 위기를 함께 겪으며, 지금 내란 사태로 만신창이가 된 일상을 되돌리는 일은 퇴출된 성평등·성교육 도서들이 제자리를 찾는 일과 반드시 같이 가야 하는 일임을 믿게 되었다. 사회적 소수자들을 차별하고 검열하는 문제를 넘어서 사회가 다양한 의견을 토론하고 수렴하는 훈련이 함께 필요하기 때문이다. 문제는 책이 아니라 원칙과 기준, 함께 의견을 나눌 공론장이 부재하다는 데 있다. 모두의 성적 권리가 보장되기 위해서는 사회가 정해 놓은 비정상적이거나 취약한 몸, 탈성애화 혹은 과잉성애화된 몸이라는 억압적 규범에 맞서야 한다. 자신의 몸과 감정을 표현하고, 긴장과 갈등에 매 순간 도전하며, 민주적 관계를 형성하는 경험을 제한당하지 않아야 한다. 공공도서관이나 교육현장에서 누구

성평등 권리
선언대회 후기

나 성평등 도서를 읽고, 성적 관계와 자기정체성을 탐구하며, 성을 즐길 권리를 배우고 민주주의를 토론할 수 있어야 한다. 공공영역에서부터 이러한 경험을 축적해 나가기 위해서라도 성평등·성교육 도서는 퇴출의 대상이 아니라 나침반 삼아 더욱 함께 읽고 나누어야 할 도구다. 이 광장의 끝에서 마주하는 것이 또 다른 대립이 아니려면 우리에게는 지금 성평등 도서가 필요하다!

# 그림책 꾸러미를 들고 성교육 현장으로

서현주[*]

"강사님, 무겁지 않으세요? 이 책을 다 들고 오셨어요?"

작은 여행 가방에서 족히 7,8킬로그램 쯤 되는 그림책들을 꺼내놓자 섭외 담당자가 묻는다. 매번 듣는 질문이라 익숙해서 "저 원래 이러고 다녀요." 하고 오늘도 웃어넘긴다.

교사를 그만두고 학교 밖으로 나와 성교육 활동가로 지낸 지 햇수로 3년째다. 2024년은 폭력예방 전문 강사의 이력도 함께 쌓아가는 시기였기에 내실을 다지려고 애쓴 해였다. 올해 활동을 펼쳤던 장소는 초등학교, 유치원, 어린이집, 지자체의 가족센터·성문화센터, 지역 교육지원청, 도서관 등이다. 원래 몸담았던 학교와도 심리적으로 가까운 곳들이라 낯설지 않게 청중들을 만날 수 있었고, 교육 대상도 역시나 학생, 교사, 양육자로 익숙하고 반가운 존재들이다.

성교육 강연은 대개 두 시간이고 큰 틀은 비슷하게 시작한다. 먼저 우리나라 성교육의 현주소를 함께 살펴보고 왜 이런 결과를 맞닥뜨리게 되었는지 문화적 맥락을 함께 살펴본다. '성교육이 중요한 건 알겠는데, 어디서부터 어떻게 가르쳐야 하는지 모르겠다.'는 사람들이 대부분이라 그 공감

---

[*] 전 초등학교 교사. 성인지감수성 성교육 활동가.

대를 파고들면 청중을 설득하는 데 반 정도는 성공한다.

성교육이 어려운 가장 큰 이유는 성교육의 개념이 사회적으로 합의되지 않았기 때문이다. 어떤 이들은 성교육이 사춘기에만 가르치면 된다고 생각하고, 성폭력을 예방하는 정보만 줄 수 있으면 충분하다고 여긴다. 혹은 성교육은 어린이·청소년에게 불필요하다고 여기는 어른도 있다.

'성교육'이라는 단어를 들었을 때 사람들이 머릿속에 떠올리는 생각이 다양하기에 나는 먼저 성교육을 통해 아이들을 어떤 시민으로 기를 것인가에 대해 설명한다. 서론에 해당하는 이 30분이 나에게는 가장 중요하다. 이 때 청중들이 공감하지 못하면 나머지 한 시간 삼십 분 동안 앉아있는 것이 고역일 테니까. 최근 가장 안타까운 것은 성교육이 종교 및 정치 진영 싸움의 전쟁터가 되었다는 것인데, 이 점 때문에라도 서론에 공을 들일 수밖에 없다.

성교육이 사춘기 청소년에게만 해당하는 것이 아니라, 우리 모두가 성적인 존재임을 인식하는 데서 출발한다는 것을 알게 되면 그 다음은 수월하다. 유아·초등 교육 현장과 양육의 장에서 아이들에게 필요한 성교육 주제는 기본적으로는 비슷하다. 몸에 대한 교육이 가장 먼저 필요하고 임신·출산·육아에 대한 주제도 꼭 들어간다. 그 다음에는 경계 존중과 성 고정관념 없애기가 주요 과제다.

유아·초등학생과 그들 가까이 있는 어른들이 주요 교육 대상인 것은 큰 행운이다. 공교육에서는 평균적으로 5,6학년 보건교육에서 성교육을 다루는데 그 시기가 너무 늦기 때문이다. 나는 성교육은 만 3세 이후가 적절하다고 여기는 입장이라 어린 학습자에게 영향을 끼치는 성인을 만나는 것은 중요하다. 교실에서 성희롱 사안이 발생하여 학교에서 성교육을 의뢰하는 경우, 몇 년 전에 비해 발생 시기가 대폭 내려갔다. 요즘에는 초등 고학년이 아니라 3,4학년 교실에서 성에 대해 왜곡된 시선을 가진 학생들이 나타나고 있다. 그러니 유아 시기부터 체계적인 성교육이 필요하다.

여기까지만 말하면 다른 성교육 활동가와 크게 다르지 않을 것이다. 하지만 나에게는 감사하고도 단단한 도구가 있으니 바로 『오늘의 어린이책』에 소개된 그림책들이다. 이 고마운 친구들은 가방 속에 차곡차곡 들어가 나와 함께 전국 곳곳을 돌아다니고 청중들에게 닳도록 뒤적여진다.

『오늘의 어린이책』 시리즈에서 소개한 책 중에서 엄선하여 골라도 최소 20권 남짓. 무겁지만 '성교육 그림책 꾸러미'를 들고 다니는 이유는 간단하다. 어떤 훌륭한 강사의 강연이라도 듣기만 하면 충분히 학습하지 못하기 때문이다. 직접 보고 경험하는 것만큼 좋은 학습은 없다. 그렇기 때문에 강연 후반부에는 반드시 시간을 내어 사람들과 함께 그림책을 돌려가며 읽는 시간을 가진다. 이 때부터는 청중 스스로 느끼고 판단하기 때문에 구태여 '이 책은 이래서 좋다, 저 책은 꼭 읽어야 한다.'고 언급하지 않아도 된다. 책장을 넘기며 고개를 끄덕이고 표지 사진을 찍는 사이에 그림책 스스로가 독자에게 성큼 다가간다.

후반부의 단골 질문들은 크게 두 가지다. 첫 번째, '정말 아이들에게 읽혀도 될까요?' 이 질문에는 이렇게 답한다. '제 아이들도 만 3세부터 집에 두고 읽혔습니다. 과도한 호기심이 생기기는커녕 다른 성, 자기 존재, 타인에 대해 이해하는 폭이 넓어지더군요. 성교육은 한순간만 하고 끝내버리는 특별한 교육이 아니니까 양질의 도서는 아이가 반복해서 읽도록 도와주시면 어떨까요? 저희 집 아이들은 하도 많이 읽어서 이제 궁금해하지도 않아요.'

두 번째 질문, '도서관에 성에 대해 사실적으로 묘사된 책을 비치해두어도 될까요?'에 대한 답변은 간단하다. '아이들이 있는 그대로를 표현한 그림책을 보고 성을 배우길 원하시나요, 아니면 유튜브, 웹툰, 심의를 거치지 않은 온라인 상의 거의 모든 것을 보고 왜곡된 성에 대해 알기 원하시나요?' 성교육의 내용이 표준화되기 전까지는 좋은 책에 기댈 수밖에 없다는 것을 인지한 청중들은 다시 한 번 『오늘의 어린이책』의 큐레이션에 동의하게 된다. 그리고는 "이렇게 실제적으로 도움이 되는 목록집이 있는 줄 몰랐어요. 앞으로 잘 활용해야겠어요."라고 말한다. 가장 뿌듯한 순간이다.

　아쉬운 점도 있다. 대부분의 강연이 일회성이다 보니 심화 과정의 이야기를 나눌 기회가 부족하다는 점이다. 어쩌면 아쉬움은 시기상조이기도 하다. 성교육의 사회적 합의가 이루어질 때까지는 진일보한 주제를 말하기가 현실적으로 어렵다. 성교육이 섹스에 대한 교육이 아닌 폭넓은 동행이 되어야 한다는 것을 많은 시민들이 인지할 때까지는 꾸준히, 조심스럽게 『오늘의 어린이책』을 내밀 것이다. 낡은 성교육에 균열을 내고 그 패러다임을 바꾸기 위해 2025년에도 그림책 꾸러디들이 바삐 움직여주길.

# 국어 시간에 '퀴어' 그림책 읽기

다랴*

    수업 시간에 '퀴어'를 언급하는 일은 여전히 조심스럽다. 학습 목표와 관련이 없는 내용 아니냐는 항의는 그렇다 쳐도 나를 향한 시선에 대한 막연한 두려움이 더 크다는 사실을 부정할 수 없다. 차라리 앞에서 들이받으면 대응이라도 할 텐데 익명으로 들어오는 민원을 감당할 수 있을까. 내가 그 '퀴어'라고 말할 수 있나, 그게 아니면 '퀴어'가 아니라고 말할 것인가. 미리 계획한다고 해도 그 계획대로 되지 않을 것이다. 그럼에도 불구하고 매년 새로운 학생들을 만나면서 잊지 않으려고 하는 것이 있다. 내 앞에 있는 학생 중에 반드시 '퀴어 청소년'이 있을 것이라는 확신. 다른 학생에게는 별거 아닌 내용을 평생 마음속에 품고 살아갈 어떤 학생을 위해 내가 한 마디라도 할 기회가 매시간 주어지고 있다는 사실. '퀴어 교사'로서 그 기회를 놓치면 후회할 것임을 나는 잘 알고 있다.

    관련 예시를 들거나 책이나 콘텐츠를 추천하는 식으로 슬쩍 밀어 넣을 때는 종종 있었다. 방과 후 수업을 할 때 논술 주제로 성소수자를 다룬 적도 있었지만, 정규 수업 시간에는 퀴어를 다룬 영상을 보거나 텍스트를 읽는 일은 없었다.(물론 퀴어로 해석될 여지가 있는 작품을 다룬 적은 있었지만 수업의 주제는

---

* 국어 교사, 성소수자 교사 모임(QTQ)

아니었다.) 그러나 교과서에 '퀴어'나 '성소수자'와 같은 단어의 그림자조차 없어도 우리의 언어와 삶을 다루는 국어 과목의 특성상 그 언어와 삶에 '퀴어의 언어와 삶'이 포함되지 않을 리 없으니 학습 목표와 무관하진 않을 것이다. 그렇다면 내가 느끼는 두려움에 기꺼이 맞서는 일만 남은 것이 아닐까. 자주 시도하다 보면 아무렇지 않을 때가 오지 않을까.

### 수행 평가에 '퀴어 한 방울' 떨어뜨리기

바쁜 학사 일정에 맞춰 진도를 나가야 하고 함께 수업하는 선생님과 협의해야 하는 여러 악조건 사이에서, 국어과 성취 기준 한 줄이 내 눈에 들어왔다. '문학의 수용과 생산 활동을 통해 다양한 사회·문화적 가치를 이해하고 평가한다.' 이 성취 기준과 관련된 단원을 학습한 뒤, 수행 평가를 진행하기로 했다. 그리고 이 수행 평가에 '퀴어 한 방울'을 떨어뜨려 보기로 했다. 두려움을 이기고 싶은 나에게 하는 '말 걸기'였는지도 모른다.

모둠별로 텍스트를 읽고 토론을 한 뒤, 우리 사회가 추구해야 할 가치에 대해 생각해 보고 그와 관련된 글을 써 보게 할 참이었다. 여름방학 내내 토론에 적절한 텍스트를 찾았다. 책 한 권을 읽는 게 좋을지 단편 소설이 좋을지 고민하다가 『오늘의 어린이책』 시리즈를 알게 되었다. 이 시리즈는 '성평등 어린이·청소년 책'이라는 부제가 있지만, 책의 면면을 보니 좁은 의미의 '성평등'만을 다루고 있는 것은 아니었다. '사회적 소수자, 표현, 혐오 반대, 사회적 인정, 안전, 연대'라는 목록을 보고, 고등학교 1학년 학생이라면 이 책들을 읽고 다양한 사회·문화적 가치에 대해 깊이 있게 토론할 수 있을 것이라는 확신이 들었다.

『오늘의 어린이책』 시리즈에 소개된 책 중에서 학생의 흥미와 수준, 비슷한 분량, 겹치지 않는 주제 등을 고려하여 목록을 뽑았고, 오프라인과 온라인 서점을 돌아다니며 20여 권의 책을 준비했다. 그 중에 '퀴어'를 소재로 한 그림책은 3권이 포함되었다. 지금 우리 사회의 '다양한 사회·문화적 가치'에 대해 이야기하기 위해 '퀴어'한 책을 목록에 넣기로 한 것은 당연한 일이다. '퀴어' 자체가 어떤 '가치'를 보여주기도 하지만, '퀴어'한 것을 바라보고 받아들이는 방식에 관해 얘기해 보는 것만으로도 고1 교실에서 충분하다는 생각이었다. 학생들 입장에서는 진입 장벽이 조금이라도 낮은 그림책을 읽으며, '존중, 이해, 연대, 공존' 등과 같은 우리가 추구해야 할 태도를 찾아내고 자연스럽게 이야기해 볼 수 있기를 바라는 마음이었다.

### '그런' 책인 줄을 몰랐어요

수행평가는 모둠에서 그림책을 함께 읽고, 자신의 경험과 관련지어 우리 사회가 추구해야 할 다양한 태도와 가치에 대한 글을 쓰는 순서로 진행되었다. 함께 읽을 그림책 리스트는 미리 알려주기로 했다. 비밀로 할 필요도 없거니와, 성적에 민감한 학생들이 있기 마련이라 준비할 시간은 충분히 주고 싶었다. 물론 퀴어를 소재로 한 그림책이 포함되었기 때문에 그렇게 정한 것이기도 했다(혹시나 들어올 민원에 대해 예민해지는 것이 슬프기도 했지만 어쩔 수 없다). 학생들에게 그림책 제목과 인터넷 서점의 책 정보 페이지까지 일일이 정리하여 공지하고, 책 정보를 살펴보고 오라고 설명했다. 충분히 살펴본 다음에 모둠의 의견을 정리해서 진로나 관심사를 반영해 미리 책을 정해 오라고 했다. 하지만 학생들이 다 준비성이 철저한 것은 아니라서, 그냥 아무 생각 없이 수행 평가에 참여한 몇 명의 학생들은 '이런 책인 줄 몰랐어요.', '이게 맞아요?'라는 반응을 보였다. 특히 내가 고른 세 권의 '퀴어'한 그림책 중 두 권은 나의 의도와 달리 학생들을 혼란스럽게 했다.

『누가 진짜 엄마야?』는 진짜로, '진짜' 엄마를 찾는 내용인 줄 알았다는 반응이었다. 대부분의 모둠에서 '진짜' 엄마를 찾기 위해 조그만 단서라도 찾아가며 추리하듯 읽었다. 사실은 둘 다 '진짜' 엄마이며 '가짜' 엄마는 없다는 것, 그것은 사람들의 편견이고 결국엔 자기 자신들도 그런 편견을 가지고 있었음을 받아들이는 데는 약간의 시간이 필요했다. 심지어 다 읽고 나서도 '정답이 누구예요?' '둘 중에 누구라는 말이에요?'라며, 결론을 못 찾고 헤매는 모둠도 많았다. 그래서 두 번, 세 번 읽는 모둠이 많았다.

학생들이 더 혼란스러웠했던 것은 내가 준비한 책 중에 제목에 '엄마'가 나오는 책이 두 권이나 있었기 때문이다. 책 정보를 자세히 숙지하지 못한 모둠에서는 두 권이 비슷한 내용이라고 생각하고 선택한 경우도 있었다. 『나는 엄마가 둘이래요!』는 입양 가족을 소재로 한 새로운 가족의 형태를 보여준 그림책이었다. 학생들은 입양 아동에게 엄마가 두 명이라는 사실보다 레즈비언 가족에서 엄마가 두 명이라는 사실을 훨씬 더 이해하기 힘들어했다. 아니, 그럴 가능성조차 생각해 본 적이 없는 학생들이 너무 많았다.

『사랑해 너무나 너무나』는 표지 그림이 펭귄이었기 때문에, 미리 내용을 확인하지 않은 모둠 대부분은 동물에 대한 얘기라고 생각하고 선택했다. 동물에 대한 얘기는 맞다. '퀴어한 동물'인지는 몰랐지만 말이다. 로드킬 문제를 다룬 『잘 가, 안녕』과 하늘을 날고 싶어하는 비둘기가 나오는 『나는, 비둘기』가 목록에 같이 있었기 때문에, 이 책도 비슷한 내용일 것이라고 짐작했을 것이다. 그런 것을 기대하고 읽은 모둠은 대부분 '이게 맞아요?', '이거 진짜 이야기예요?'라고 반응했고, 나는 '이건 실화이며, 동물에게도 동성애는 관찰된다'는 대답을 반복하고 있었는데, 큰일이 생겼다. 한 학생이 화를 내고야 만 것이다. 그 학생은 상기되어 표정이 잔뜩 굳은 채, '이게 뭐예요?'라고 큰 소리를 냈다. 지금은 수행 평가 중이었고, 그것도 모둠별 평가였고, 빨리 이 사태를 수습해야 했다. 그 학생은 '내용을 받아들일 수 없다'며 행패를 부리기 직전이었는데(이 시점에서 나는 순간적으로 그 학생이 수행 평가를 거부한다고 하면 정말 큰일이라는 생각이 들었고), '나는 그림책의 정보를 숨기지 않았고, 내용을 미리 확인하지 않은 것은 너의 탓이며, 이 내용을 네가 받아들이고 말고와 상관없이 이 내용을 바탕으로 수행 평가에 참여해야 하며, 네가 흥분하면 토론이 되지 않을 것이고 같은 모둠의 학생에게 피해를 준다'는 사실을 차분히 설명했다.

일단 상황은 정리되었고, 활동이 끝난 뒤 그 학생이 쓴 학습지의 내용을 확인해 보았다. 16년의 인생을 살면서 동성애에 대한 책을 처음 읽어서 충격을 받았다고 적혀 있었다. 그리고 '실제로 일어난 일'을 무척 강조해 두었다. 맞다. 이건 누군가의 상상이나 거짓말이 아니라, 실제로 존재하는 일이다. 나는 그 담백한 사실을 알았다는 것만으로도 충분하다고 생각했다. 이 책을 읽고 추구해야 할 가치에 '공평, 책임, 협동'을 찾은 것도 좋았다. 비록 '사랑'이 없어서 아쉬웠지만.

모둠 토론을 마친 뒤에는 관련된 자신의 경험을 바탕으로 '우리 사회가 추구해야 할 가치'에 대한 기고문을 쓰기로 했다. 나는 '관련된 자신의 경험'이 그림책의 내용과 똑같은 것을 말하는 것은 아니라는 점을 강조했다. 동물이 주인공인 그림책도 있고 교도소에 면회 가는 내용도 있는데 같은 경험을 할 수는 없지 않겠냐고 했고, 우리가 쓰는 글은 '가치'에 관한 것이니 모둠에서 얘기한 '가치'와 관련되어 있으면 된다고 얘기했다. 하지만 이 설명을 모두가 찰떡같이 알아듣지는 못했다.

기고문 쓰기 수행평가가 있는 날 아침, 학생 세 명이 찾아왔다. 모두 같은 모둠이었고, '자신의 경험'을 쓰는 조건에 질문이 있다는 것이다. 모둠에서 읽은 책은 『사랑해 너무나 너무나』(또 심장이 쿵쾅쿵쾅 뛰기 시작했다). 국어를 좋아하고 국어 성적도 좋은 이 학생들은 '이 책이 동성애에 관한 내용인데, 관련된 경험을 어떻게 찾아야 하나요?', '꿈속에서라도 동성애를 경험한 것처럼 꾸며서 써도 되나요?'라고 아주 정중하고 조심스럽게 질문했다. '관련된 경험'을 쓰기 힘들다는 약간의 항의인 것 같기도 했다. 과연 없을까? "너희는 안 그러겠지만 주변 친구들이 '게이 같다'고 놀리거나, 나쁜 의도로 쓰는 걸 본 적 있지 않아? 그런 말을 어떻게 생각해? 우리가 토론할 때 얘기했던 '가치'와 관련해서 그런 경험들을 풀어내면 좋을 것 같은데." 나의 말을 듣고 뭔가가 생각난 듯 돌아가긴 했지만 그들은 동성애나 퀴어가 자신들과 아주 멀리 있다고 생각하는 것 같았다. 그때 내 교무실 책상에는 엠네스티가 제작한 무지갯빛 '미워해도 소용없어' 깃발이 걸려 있었고, 사실은 앞에 있는 사람이 '퀴어 교사'였는데 말이다.

### 퀴어 문학, 이제 읽겠습니다

학생들은 그림책을 읽고 토론했던 수행평가가 좋았다고 한결같이 말했다. 내용을 파악하기 쉬울 줄 알았는데 의외로 다양한 의견이 나와서 깊이 생각해 보게 되었다고 했다. 그림책은 학생들이 쉽게 받아들였고, 표지 그림만으로도 다양하게 해석되었다. 책 목록에 '퀴어 한 방울'을 떨어트린 것도, 책 선택을 하는 데 의도치 않은 혼란을 준 것도, 그림책이어서 더 효과가 좋았다.

작년 QTQ 정기 모임에서 수업 중에 활용할 수 있는 퀴어 콘텐츠를 추천하는 시간이 있었다. 윤리, 과학, 정보 등 거의 모든 교과에서 수업과 연관된 책, 영화, 드라마 등이 엄청나게 많이 쌓였다. 국어 시간에 소개할 만한 퀴어 문학도 예전과 비교할 수 없이 많아졌고, '청소년 퀴어 문학'으로 따로 묶을 수 있을 것도 같았다. 빨리 여기저기 흩어져 있는 작품들을 모아 정리하고, 교사와 학생들과 함께 읽고 이야기를 나누고 싶어졌다.

아주 예전에 우리 문단에는 '월북 작가'라는 낙인이 있어서(그들의 월북이 자발적인지 비자발적인지에 상관 없이) 1988년에 해금되기 전까지 교과서에서 사라졌던 작가와 작품들이 있었다. '퀴어 문학'은 금지된 적도 없는데 교과서에 등장한 적도 없이 여전히 사라져 있다. 그러니 이제, 등장하면 될 것이다. '국어 시간에 퀴어 그림책 읽기', '국어 시간에 퀴어 문학 읽기'로 많은 선생님들과 함께 수업을 나누고, 그 결과를 책으로 낼 수 있는 날이 빠른 시간 내에 오길 바란다.

# 다웅북클럽 추천도서

## 주체성

Q1  인물이 고정 관념에서 벗어나
    자기 발견과 성장을 추구하나요?

Q2  인물이 타인에게 의존하지 않고
    독립적으로 자아를 찾아 가나요?

Q3  인물의 개성이 성별 고정 관념으로 결정되지는 않나요?

## 내가 있어요

김효은 글·그림 I 창비 I 20240628 I 한국 그림책(보드북)
18쪽, 150×150mm I 16,000원 I ISBN 9788936429270

영아를 위한 보드북은 대부분 사물의 이름과 형태 같은 지식 정보를 알려주는 것이 많은데, 이 책은 '나를 둘러싼 관계'에 중점을 둔 새로운 개념의 아기 그림책이다. '세상 속에서의 나'와 '관계 속에서의 나'를 상하좌우 공간성을 구현한 병풍 접지 제작 방식을 이용해 물리적으로 느끼게 해주려는 시도가 돋보인다. 아기가 관찰하고 이름을 부르는 존재들은 다양한 감각을 일깨우는 자연의 요소들로 구성되어 있고, 양육자 또한 아기와 함께 세상을 새로운 시각으로 바라보고 느끼는 모습으로 묘사된다.

#병풍 접지  #관계  #양육  #성장

### 용을 찾아서

줄리 렁 글, 차호윤 그림, 장미란 옮김 | 열린어린이 | 20240930
미국 그림책 | 40쪽, 279 × 228mm | 16,800원 | ISBN 9791156761488

동양의 청룡과 서양의 붉은 용을 찾아 떠나는 한 아이의 모험 이야기. 짓궂은 요정이나 도깨비불의 유혹에도 아이는 꿋꿋하게 모험을 이어 나간다. 지혜로운 할머니를 만나 숲으로 간 아이는 결국 용을 마주한다. 동양과 서양의 서로 다른 문화와 유산을 용으로 은유하여 표현한 색다른 그림책. 다르면서도 비슷한 동서양의 문화를 조화롭게 배치했다. 각각의 시공간을 뛰어넘으며 펼쳐지는 장면 속에서 오랫동안 이어져 온 전설과 이야기들, 숨겨진 이스터에그를 발견하는 재미가 있다. 칼데콧 역사상 최초의 한국인 수상자인 차호윤 작가의 섬세하고 환상적인 그림이 돋보이는 작품이다.

#용　#판타지　#모험　#칼데콧 상

## 마리들의 아주 거대하고 어마어마한 이야기

로라 시모나티 글·그림, 정혜경 옮김 | 미래엔아이세움 | 20240415
프랑스 그림책 | 64쪽, 220×310mm | 16,300원 | ISBN 9791168417953

마리들은 어마어마하게 컸다. 어려서부터 놀림감이어서 자그마한 시골 마을에는 자기 자리가 없다고 생각했다. 마리들은 도시로 나가 서커스 단원이 되었고 자신만큼이나 특별한 외모를 가진 사람들과 함께 무대에 섰다. 하지만 갇혀 지내는 서커스 단원에게는 자유가 없었다. 과연 마리들은 어떤 선택을 하게 될까. 이 책은 판형도 크고 그림과 글자가 경쟁하듯 큼직하게 배치되어 서사와 아주 잘 어울린다. 특히 분홍색, 초록색, 밤색으로 대비시킨 색채의 선명함에서 오는 세련된 감각과 여백을 빼곡하게 채운 커다란 손 글씨의 발랄함이 읽는 재미를 더한다. 주체의 독립을 찾아 떠난 마리들의 모험을 시원한 필치로 응원하는 이 그림책은 19세기 벨기에에 실재했던 인물의 이야기로 2023년 볼로냐 라가치상 오페라 프리마 수상작이다.

#자유  #모험  #자기 인식  #실화

## 과학에 빠진 아이

미겔 탕코 글·그림, 김세실 옮김 | 나는별 | 20240407 | 캐나다 그림책
56쪽, 210×290mm | 16,000원 | ISBN 9791188574575

엄마는 꿈꾸고 상상하는 것을, 아빠는 직접 경험하는 세계를, 오빠들은 만드는 걸 좋아한다. 나를 열광시키는 건 무엇일까? '우주에 별이 많은데 밤하늘은 왜 어두울까?', '거대한 풍선을 불어서 학교에 날아갈 수 있을까?' 같은 것들이 궁금한 나는 '나의 과학 노트'를 기록하며 점점 과학에 빠져든다. 『수학에 빠진 아이』의 후속작으로 호기심 많은 어린이 독자들의 마음을 사로잡는다. 질문에 대한 답을 찾기 위해 과학을 탐구하다 보면 물리학의 원리로 연결된다. 우리가 사는 세계에 대해 끊임없는 질문을 던질 수 있는 건 남다른 재능이다. 특별한 관점으로 세상을 살피다 보면 새로운 진실을 발견할 수 있다. 오늘의 나는 무엇에 빠져 있을까? 그게 무엇이든 힘차게 응원하고 싶은 마음이 든다.

#과학  #호기심  #질문의 힘  #탐구

## 쏘나기와 함방눈

이성훈 글, 이혜은 그림 | 동시YO | 20241220 | 한국 동시집
108쪽, 150×205mm | 12,500원 | ISBN 9788959531967

현재 6학년인 어린이가 2학년부터 4학년까지 쓴 시를 모은 어린이 시집. 어른 시인이 어린이 독자를 대상으로 쓴 동시와 달리 어린이가 쓴 어린이 시는 자신을 발견하고, 표현하고, 혼장하는 글쓰기를 보여준다. 일기장 형식으로 편집되어 있어 시를 쓴 날짜를 확인하며 순서대로 읽다 보면 어린이의 감정과 생각, 그리고 변화까지 읽을 수 있다. 한 명의 어린이는 고유한 존재이며 늘 거듭나는 존재라는 걸 알게 된다. 장르 규범에 갇히지 않은 어린이의 시가 기존의 어린이 인식을 성찰하게 만들고, 문학예술의 근원적인 지평을 새롭게 열어 보이고 있다.

#일기  #어린이가 쓴 시  #감정

## 선생님도 졸지 모른다

김개미 글, 고마쭈 그림 | 문학동네 | 20240131 | 한국 동시집
104쪽, 153×200mm | 12,500원 | ISBN 9788954692175

아무도 없는 집에서는 '아픈 기분'이 들고, 보도블록 위를 기어가는 지렁이를 보면 가끔 깜짝 놀랄 '잔인한 생각'을 하기도 한다. 나를 좋아해 주는 친구가 있지만 사실은 '멀리하고' 싶은 마음이 들고, 어떤 날은 '때리고 싶은' 사람이 생겨서 벽을 때린다. 섬세하면서도 유머러스한 표현으로 어린이의 마음을 살피는 김개미 시인이 이번엔 어린이의 은밀한 비밀을 꺼낸다. 이 동시집에는 수많은 비밀을 가진 어린이들이 등장한다. 비밀은 거창하지 않고 사소한 것들이지만 그래서 숨기고 싶기도 하고 들키고 싶기도 하다. 올곧게만 자랄 필요는 없다고, 가끔은 울퉁불퉁한 마음도 필요하다고 말해주면 좋겠다. 선생님이 수업 중에 졸지도 모른다는 걸 이해하는 관대한 어린이들처럼.

#비밀  #속마음  #자유로움  #동시

## 안개 숲을 지날 때

송미경 글, 장선환 그림 | 봄볕 | 20240829 | 한국 동화
104쪽, 185×238mm | 20,000원 | ISBN 9791193150443

청소년을 제외한 어른과 어린이는 모두 동물로 변한 기이한 세상. 주인공 연이는 늑대로 변한 동생을 찾으러 떠난다. 낯설고 쓸쓸한 그 여정 속에서 작가는 '이상하지, 그래도 괜찮아.' 하고 조용히 속삭이는 듯하다. 매 순간 연이를 도와주고 보살펴주는 조력자들이 있기 때문이다.

그러나 다정하면서도 동시에 단호하게 작가는 성장과 탈피의 과정에서 반드시 맞닥뜨려야 하는 고독을 이야기한다. 안개 속에서 길을 잃은 듯한 10대 시절의 외로움과 낯선 감정을 은유적으로 풀어낸 이 작품은 성장의 필연성과 그 끝에 자리한 희망을 전달한다.

#성장  #독립  #가족  #변화  #이별

### 너에게 넘어가

강인송 글, 오묘 그림 | 창비 | 20240823 | 한국 동화
152쪽, 152×225mm | 12,000원 | ISBN 9788936443375

여전히 많은 '처음'이 남아 있는 어린이들을 위한 책. 다양한 빛깔의 단편 동화가 일곱 편 모여 있다. 처음으로 연애 감정을 느끼고(「굴러가, 사랑!」), 처음으로 먼 곳으로 이동하고(「오히려 좋아」), 처음으로 자신의 이름을 새로이 명명하는 어린이(「지유들」) 안에는 어떤 마음이 있을까?
서투르고 미숙해서 실수투성이에 속상한 일도 생기지만 "오히려 좋아!"라며 훌훌 털어내고 일어나는 어린이들을 절로 응원하게 된다. 다양한 가족 형태를 보여주고, 성별로 어린이를 단정 짓지 않는 작가의 감수성이 돋보인다.

#성장  #로맨스  #단편동화

## 아일랜드

김지완 글, 경혜원 그림 | 문학과지성사 | 20240912 | 한국 동화
148쪽, 152×212mm | 14,000원 | ISBN 9788932043210

과학은 문화보다 한발 앞서 발전한다. 그래서 환경오염이나 기후 위기 같은 현실의 문제들을 과학이 먼저 달려가 해결할 거라는 낙관적 상상을 하기도 한다. 인공지능이 무서운 속도로 진화하는 것을 보면서 더욱 그런 생각을 하게 되는 시기에 『아일랜드』는 매우 적절한 질문을 던진다. 공항에서 여행객들을 안내하는 토봇 '유니온'은 자기만의 언어가 있고, 생각을 하며, 인간이나 다른 로봇들과 사회적 관계를 맺는다. 탐색하고 질문하고 사유하는 이 로봇에게는 자의식이 있다! 과학 기술이 세계의 문제를 해결할 뿐만 아니라 자의식을 가진 로봇마저 등장할 때 인간과 비인간의 경계는 모호해진다. 인간이란 어떤 존재인가? 『아일랜드』는 그것을 묻고 있다.

#로봇  #인공지능  #자아 정체감

### 똑똑한데 가끔 뭘 몰라
정원 글·그림 | 미디어창비 | 20231218 | 한국 그래픽노블
152쪽, 148×210mm | 15,000원 | ISBN 9791193022344

열한 살, 초등학교 4학년 교실 안팎에서 겪는 부당함과 불편함에 맞서며 주체적인 목소리를 내는 이 시대의 현실 어린이 모습이 담겨 있는 만화. 자신들이 '소중하게' 생각하는 아홉 편의 이야기 속에서 어린이는 자기 잘못을 인정하고 사과하며, 제때 화를 내기도 하고, 당당하게 자신들의 요구사항을 말한다. 이 책은 성별에 종속되는 이름을 쓰지 않고, 피부색으로 차별하지 않고, 노키즈존을 부끄럽게 만들고 더 나은 세상을 그려본다. 어린이 독자는 "이보다 더 우리를 잘 보여주는 이야기는 없다"고 솔직한 평을 남겼다. 더없이 진지하고 사랑스러운 아이들 앞에서 '좋은 어른이 되고 싶다는 생각을 자주 한다'는 작가의 말처럼 가끔 뭘 모르는 어른의 마음도 울리는 이야기.

#요즘 어린이  #소중함  #공감  #좋은 어른

## 벌새

엘리자 수아 뒤사팽 글, 엘렌 베클랭 그림, 문현임 옮김 | 북극곰 | 20240610
스위스 그래픽노블 | 160쪽, 170×240mm | 18,000원 | ISBN 9791165883720

가까운 이의 죽음 이후 적절한 애도의 시간을 갖지 못한 채 박제처럼 굳어버린 셀레스틴의 이야기를 다룬 그래픽노블. 셀레스틴은 형을 잃고 무기력한 날들을 보낸다. 그러다가 옆집 친구 로뜨를 만나 그와 함께 작은 벌새 한 마리를 되살리면서 조심스럽게 생의 의지를 되찾기 시작한다. 투명하고 엷은 흑백의 그림과 간결하고 서정적인 문장이 인물들의 마음을 무심하게 전한다. 두 청소년이 벌새를 살릴 수 있었던 것처럼 우리들은 자신의 소중한 삶을 슬픔과 상실의 수렁에서 건져낼 수 있는 내재적 힘을 갖고 있다. 셀레스틴에게 그 힘을 일깨워주며 움츠린 날들에서 벗어나게 돕는 인물은 로뜨다. 진취적이면서 지적이고 독립적인 이 여성 청소년의 캐릭터는 작품 내내 서사를 주도한다. 2023년 스위스 청소년 도서상을 수상했다.

#죽음  #우정  #스위스 청소년 도서상  #성장

### 어쩌다 보니 가구를 팝니다
이수연 글·그림 | 길벗어린이 | 20240420 | 한국 그래픽노블
220쪽, 180×279mm | 25,000원 | ISBN | 9788955827583

이수연 작가의 자전적 경험이 담긴 그림책. 어릴 적엔 작가를 꿈꾸던 '곰사원'은 어른이 되어서는 평범한 삶을 위해 가구 영업사원으로 일한다. 실적에 대한 압박을 받는 곰사원은 늘 낡고 망가진 집을 방문하는 꿈을 꾼다. 그 집이 자기 자신이라는 것을 깨닫고 스스로를 돌보기로 마음먹기까지의 과정을 근면하게 보여준다. 원하지 않는 일을 하는 와중에도 타인과 소통하며 서로의 외로움에 다가가는 인물들은 현대인의 절망과 희망을 동시에 담고 있다. 지금의 어린이들이 무엇을 소중히 여기며 살고 싶은지 떠올려 보게 해 줄 책.

#자아 찾기  #직업  #정체성

## 어린이가 말한다: 요즘 어린이로 산다는 것

김나무 글, 경자 그림 | 키다리 | 20241122 | 한국 어린이교양
84쪽, 170×230mm | 14,000원 | ISBN 9791157857302

어른이 대신 내주는 목소리가 아니라 어린이가 직접 자신의 생각과 의지를 전달하는 목소리. 어린이 혐오 표현이나 노키즈존, 성별 고정관념 등 온갖 편견에 대항하는 어린이의 목소리를 들어보자. 어른에게 일방적으로 교육받은 내용을 되풀이하는 목소리가 아니라 어린이만의 경험과 논리와 감수성이 통합되어 또렷하다는 걸 느낄 수 있다. 그 안에 소수자의 눈으로 세계를 바라보며 새로운 세계를 기획하는 어린이가 있다. 소수자인 어린이는 어른이 보지 못하는 걸 보고, 듣지 못하는 걸 듣고, 생각하지 못하는 걸 생각한다. 그래서 어른은 정말로 배울 것이 많고, 배워야만 한다.

#어린이 당사자  #어린이 인권  #표현

## 구체적인 어린이: 어린이책을 읽으며 다정한 어른이 되는 법
김유진 글 | 민음사 | 20240505 | 한국 양육자교육
328쪽, 140×210mm | 17,000원 | ISBN 9788937456626

진짜 어린이들은 어디서 볼 수 있을까? SNS에 전시되는 귀엽고 사랑스러운 모습은 어린이의 전부가 아니다. 이 책은 국내외 어린이책 속 캐릭터와 서사를 통해 현대의 어린이들을 구체적으로 보여준다. 아동문학의 의의, 재현의 윤리, 어린이의 성장에 관한 이야기를 책, 영화, 뮤지컬 등 다양한 매체의 예시를 통해 독자가 쉽게 이해할 수 있도록 풀어 썼다. 소수자로서의 어린이를 어떻게 대하고 다루어야 할지에 대해 진지하게 성찰하고 고민하게 만드는, 이 시대의 어른들이 반드시 읽어야 할 책.

#인문학  #어린이  #어른  #어린이책  #아동문학

# 몸의 이해

**Q4** 생명의 탄생 과정을 있는 그대로 알려 주나요?
**Q5** 몸의 성장과 변화를 긍정적으로 바라보나요?

### 나이가 들면 어때요?

베티나 옵레히트 글, 율리크 그림, 전은경 옮김 | 라임 | 20230228
독일 그림책 | 32쪽, 210×280mm | 13,000원 | ISBN 9791192411217

할머니는 귀여운 손주들과 강아지의 식사를 챙기고는 놀이공원으로 외출할 채비를 한다. 아이들이 음식을 흘리고, 장난을 치다가 양말과 신발을 신는 데 한참이나 걸려도 할머니는 미소를 잃지 않는다. 할머니는 나이가 들었지만 어릴 때랑 '조금만' 다르고 똑같기 때문일까. 아이들과 같은 놀이기구를 타며 바람을 즐기고, 죽은 새를 보며 함께 슬퍼한다. 할머니에게 나이가 든다는 것은 늙은 것도, 슬픈 것도, 나약한 것도 아니다. 다른 존재를 여유로운 눈빛으로 바라보고 지나간 인생의 파도를 담담하게 보내주는 할머니. 어린이와 어르신 사이에 닮은 점이 더 많다는 것을 알고 마음이 편해질 모든 세대를 위한 그림책.

#할머니  #나이듦  #노년  #세대

## 나는 크고 아름다워요

배슈티 해리슨 글·그림, 김서정 옮김 | 책읽는곰 | 20241015
미국 그림책 | 68쪽, 220×275mm | 17,000원 | ISBN 9791158364700

몸집이 큰 유색 인종 아이를 실제 나이보다 더 성숙하다고 여기는 '성인화 편견'을 다룬 그림책. 몸집이 큰 아이가 바디 셰이밍 낙인에서 벗어나 자신의 편이 되어 스스로를 돌보는 여정을 담았다. 대중매체와 SNS에서 끊임없이 찬미하는 '하얗고 마른 몸'이 여학생의 몸과 마음 건강을 위협하고, 팻 토크(fat talk)가 일상이 된 사회에서 어린이는 그 모든 것을 보고 들으며 자라고 있다는 현실을 돌아보게 한다. 그림책 판면이 아이의 큰 몸을 가두는 답답한 틀이 되기도 하고, 따스한 분홍빛이 가득한 우주처럼 확장되기도 하는 마법을 펼친다. 획일화된 아름다움의 틀을 깬 고유한 몸의 세계가 펼쳐진다.

#외모  #신체  #아름다움  #자기긍정  #칼데콧 상

## 아기 동물들의 탄생

파울리나 하라 글, 메르세 갈리 그림, 구유 옮김 ㅣ 바람의아이들 ㅣ 20240930
칠레 그림책 ㅣ 64쪽, 215×300mm ㅣ 20,800원 ㅣ ISBN 9791162102336

"아기는 어떻게 태어나요?"라는 질문에 대해 이렇게나 많은 답이 있을 수 있다! 잘 안다고 생각했던 동물들도 임신·출산·양육을 어떻게 하는지는 전혀 몰랐던 경우도 있고, '엄마'보다 '아빠'가 주도적으로 그 과정에 참여하는 경우도 적지 않음을 알려주는 재미난 정보 그림책. 태어나려 애쓰는 아기도, 최선을 다해 돌보는 양육자들도 이 세계를 움직이는 기적을 날마다 만들어 가는 중이다. 모든 생명이 이렇게나 특별하고 고귀하다는 것을 책장을 넘길 때마다 흥미로운 사례들로 일깨워 준다.

#동물 #임신 #출산 #양육 #성장

## 발달장애인과 함께하는 경계존중 이야기

박정경 글, 꽃영아 그림 | 사슴별 | 20240925 | 한국 어린이교양
64쪽, 260×190mm | 15,000원 | ISBN 9791198872104

다른 사람과 상호작용이 힘들고 언어로 소통하는 데 어려움을 겪는 발달장애인들을 위해 쉬운 말과 직관적인 그림을 통해 관계 맺는 법을 알려주는 '쉬운 정보' 책. 관계 맺기는 사적 영역과 경계를 인식하고 다른 사람의 영역과 경계를 존중하는 데서 시작한다. 눈에 보이지 않는 이 경계를 발달장애인이 어떻게 인지하고 안전한 관계를 만들어 갈 수 있을지는 장애인의 성교육과 인권교육에 남겨진 중요한 과제이기도 하다. 이 책은 '경계 존중'과 관련된 다양한 예시 상황을 보여주고 동의와 거절을 스스로 선택할 수 있도록 이끌어 준다.

#발달장애  #인권교육  #성교육  #경계교육  #디지털 인권

### 나는 왜 이렇게 생겼지?: 고민하는 10대를 위한 내 몸 긍정 키워드

카타리나 폰 데어 가텐 글, 앙케 쿨 그림, 전은경 옮김 | 위즈덤하우스 | 20240131
독일 어린이교양 | 96쪽, 168×245mm | 15,000원 | ISBN 9791171710195

독일의 성교육 전문가와 인기 삽화가 앙케 쿨이 함께 만든 몸 교육 도서. 부제는 '고민하는 10대를 위한 내 몸 긍정 키워드'. 10대를 위한 책이지만 사춘기에 집중하지 않고, 몸에 대한 역사적·문화적 맥락을 A부터 Z까지 펼쳐놓은 점이 신선하다. 유머러스한 일러스트와 무겁지 않은 설명이 건드려주는 주제를 따라가다 보면 몸에 대해 긍정하는 태도를 가지게 될 것이다. 몸의 모습, 몸의 변화, 다양한 몸, 몸으로 느끼는 것, 몸에 대한 생각, 몸 꾸미기, 몸으로 관계 맺기로 나뉜 50개의 키워드 중에서 궁금한 주제부터 찾아서 읽어보는 것도 책을 즐기는 좋은 방법.

#자기긍정  #신체 다양성  #몸 교육

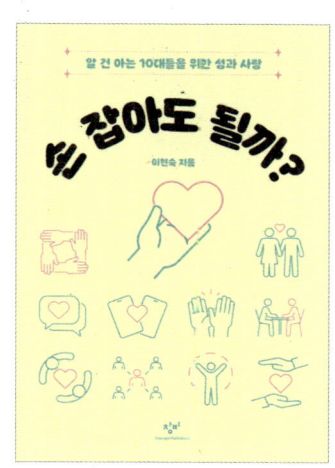

## 손 잡아도 될까?: 알 건 아는 10대들을 위한 성과 사랑

이현숙 글 | 창비 | 2024.11.22 | 한국 청소년교양
136쪽, 134×195mm | 13,000원 | ISBN 9788936453305

청소년성폭력상담소 탁틴내일 대표인 저자의 현장 경험이 묻어나는 실제적 조언이 담겨 있다. 성에 대한 이야기가 지루한 잔소리처럼 들리지 않도록 저자가 실제 SNS 부계정을 운영했던 이야기나, 미디어에서 화제가 되었던 '깻잎 논쟁', 공개 고백 금지 등으로 대화의 물꼬를 튼다. 외모 평가가 옳지 못한 이유, 좋은 연애의 기준, 딥페이크가 나쁜 범죄인 이유 등에 대해 읽다 보면 천천히 고개를 끄덕이게 된다. 편한 막내 이모와 파스타를 먹으며 오랜 시간 진지한 이야기를 나누고 나니 마음 한 편이 쑥 자란 것 같은 뿌듯한 기분을, 책을 읽고 청소년 독자들이 느끼길 바란다.

#청소년도서 #성교육 #관계 #연애

## 나를 나답게! 자기방어 수업

박은지 글 | 창비 | 20231117 | 한국 청소년교양
148쪽, 134×195mm | 13,000원 | ISBN 9788936431198

'나답게'와 '자기방어'는 무슨 상관일까? 자기방어는 몸싸움에서 이기기 위한 호신술만을 뜻하는 것이 아니다. 자신을 남과 비교하지 않고 있는 그대로 받아들이는 것, 외모 평가나 차별하는 말로부터 나를 지키는 것, 불편함을 느끼는 나를 인식하는 것부터가 자기방어라고 저자는 말한다. 나 자신을 인정하고 돌보는 것부터 시작해 마음과 몸을 튼튼히 하고 길거리 괴롭힘, 성폭력 같은 위험 상황에서 벗어나 안전한 상태로 돌아가기 위한 실질적인 방법을 알려준다. 개인적 차원을 넘어 공동체적 대응까지 아우르는 모든 어린이·청소년이 배워야 할 필수 교육책.

#자기방어 훈련  #나다움  #안전  #외모 평가

## 뚱뚱한 기분

재럿 러너 글·그림, 심연희 옮김 | 다산어린이 | 20240417 | 미국 동화
368쪽, 140×210mm | 16,800원 | ISBN 9791130651880

'자신이 못났다고 생각하는 모든 사람에게' 작가가 바치는 메시지다. 주인공 윌은 별로 친하지도 않은 친구 닉에게 갑작스럽게 "너 뚱뚱해."라는 말을 듣는다. 닉의 한마디는 끈질기게 윌을 따라다니며 '뚱뚱한 기분'을 느끼게 한다. 닉과 같은 존재는 어디에나 있다. 내가 어떻게 살아왔고 얼마나 친절한 사람인지는 상관없이 나이, 성별, 외모, 직업, 학벌 등으로 규정하고 그것이 진짜 '나'인 것처럼 느끼게 한다. 외모지상주의와 다이어트 강박, 타인과의 비교에서 자유롭지 못한 세상에서 자기혐오를 이겨내고 "오늘의 나로 살아가는" 과정을 일기 형식의 글과 그림으로 생생하게 보여준다.

#외모  #신체  #콤플렉스  #다이어트

## 삼킬 수 없는

빅토리아 잉 글·그림, 강나은 옮김 | 작은코도마뱀 | 20240829 | 미국 그래픽노블
216쪽, 153×216mm | 22,000원 | ISBN 9791193534144

밸러리는 어린 시절부터 줄곧 엄마에게 무슨 음식을 얼마만큼 먹는지 감시당했고, 자연스레 맛있는 음식을 양껏 먹는 일에 죄의식을 느끼며 먹은 음식을 토해야만 마음이 편해지는 삶을 살아왔다. 아버지의 죽음을 겪고도 착한 딸 노릇을 하느라 자신의 문제를 외면하며 지내던 어느 날, 살찐 단짝 친구에게 혐오 발언을 내뱉으면서 점차 문제를 자각하고 강박에서 벗어나 자기 자신을 사랑하려는 노력에 첫발을 내딛는다. 섬세한 감정 묘사가 두드러진 자전적 그래픽노블로, 비슷한 고민을 지닌 청소년들에게 공감과 치유의 힘을 전하는 작품이다.

#섭식장애  #가족  #편견  #치유

## 일의 세계

Q6 인물이 성별 차이 없이 다양한 영역에서 활동하나요?

Q7 인물이 성별 차이 없이 다양한 지위에서 동등한 역할을 하나요?

Q8 여성 인물의 노동을 본인, 가족, 동료, 사회가 존중하나요?

## 21-55 철공소

한영림 글·그림 | 비룡소 | 20241127 | 한국 그림책
48쪽, 300×225mm | 16,000원 | ISBN 9788949102665

투박한 일장갑 아래 멍키스패너, 그라인더 같은 공구들이 나란히 줄지어 선 그림에 가슴이 쿵 내려앉는다. 어린이책에서 이런 공구들을 정면으로 본 적이 있던가? 고개를 숙이거나 옆모습으로 혹은 뒷모습을 보이며 일하는 사람, 철을 다루는 아빠의 노동 현장과 추억마다 작가인 딸의 그리움 담긴 시선이 닿아 있다. 한국 사회의 산업화 시기에 수많은 청년들이 그림책 속 철공소와 비슷한 노동 현장에서 묵묵히 일했다. 지금도 어디선가 누군가는 그렇게 일하고 있음을 사실적이고 담담한 그림이 재현하고 있다. 어린 시절을 추억하는 딸의 애정 어린 내레이션이 일품이다.

#그리움  #일의 세계  #노동  #가족  #아버지

### 깡깡깡

이영아 글·그림 | 빨간콩 | 20231229 | 한국 그림책
56쪽, 250×230mm | 16,000원 | ISBN 9791191864250

부산 영도에 있는 깡깡이 마을은 배를 수리하는 망치 소리가 온 동네에 울려 퍼진다고 해서 붙은 이름이다. 망치 소리의 주인공은 배에 붙어 있는 녹이나 조개 껍데기들을 떼어 내는 일을 하는 '깡깡이 아지매'들. 귀청이 떨어질 듯한 소음, 자욱한 먼지와 쇳가루, 밧줄에 위험하게 매달린 채 소변도 참으며 일하는 고된 노동이지만, 이렇게 고친 배가 태평양을 항해한다는 자부심과 가족을 위해 헌신하는 마음으로 수많은 여성들이 묵묵히 땀을 흘려 왔다. 이 노동의 가치와 역사적·사회적 의미를 기리고자 수많은 답사와 인터뷰를 통해 꼼꼼히 재현하여 만든 그림책이다.

#여성 노동  #조선산업  #깡깡이 마을  #기록 문학

## 달달달 달려요

김도아 글·그림 | 웅진주니어 | 20231106 | 한국 그림책
60쪽, 250×240mm | 15,000원 | ISBN 9788901276502

시골 마을 이장님네 경운기는 꼭두새벽부터 동네 어르신들을 태우고 달달달 달려간다. 보따리 보따리에 햇과일과 곡식, 알밤과 고추 등등을 가득 싣고 어디로 가는 걸까? 바로 외국에서 이주해 온 탕 씨네 아기의 첫 돌을 축하해 주러 바쁜 농사일도 미루고 달려온 것이다. 노인과 이주자 중심으로 변한 오늘날 농촌의 실상이 고스란히 반영되어 있으면서도, 서로 먹을거리를 주고받으며 이웃의 안부를 챙기는 정만큼은 변함없이 풍요롭다.

#농촌  #이주민  #이웃사촌  #정

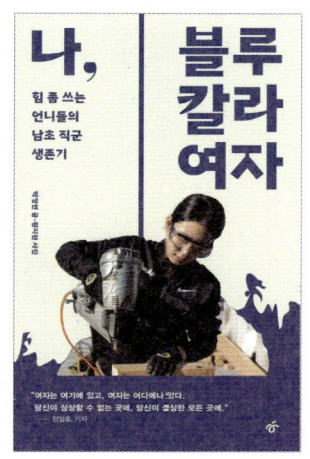

## 나, 블루칼라 여자

박정연 글, 황지현 사진 | 한겨레출판 | 20240305 | 한국 청소년교양
232쪽, 125×200mm | 18,000원 | ISBN 9791172130268

직업에 대해 다루는 책은 많지만 노동의 의미와 노동 현장의 평등을 이야기하는 책은 드물다. 이 책은 50kg에 달하는 알곤 용접기를 어깨에 메고 다녔던 플랜트 용접 노동자 김신혜를 비롯해 건설현장 반장, 철도차량 정비원, 목수, 레미콘 기사 등 블루칼라 노동자로 일하는 여성 10인의 인터뷰집이다. 이들이 일터에서 겪은 차별을 극복하기 위해 기울인 부단한 노력은 우리 사회가 여성 노동자에 대해 어떤 편견을 가지고 있는지를 역설적으로 보여준다. 노동의 현장에는 여자니까 못하거나 포기할 거라는 비아냥, 성희롱, 각종 폄하의 시선이 가득했다. 부당한 현실과 맞서 싸우면서 전문 직업인으로 당당히 선 블루칼라 여자들의 이야기를 통해 노동의 고귀함을 깨닫게 된다. 사진이 함께 실려 있어 생생하게 현장을 이해할 수 있다.

#노동  #여성 노동자  #블루칼라  #땀의 고귀함

# 가족

Q9 다양한 가족 형태를 긍정적으로 보여 주나요?

Q10 모든 가족 구성원의 의사 결정권이 존중되나요?

Q11 가사 노동과 돌봄 노동에 모든 가족 구성원이 능동적으로 참여하나요?

## 자개장 할머니

안효림 글·그림 | 소원나무 | 20240930 | 한국 그림책
48쪽, 200×290mm | 17,000원 | ISBN 9791193207956

"우리 집은 망했다." 아이의 단호한 말로 이야기는 시작된다. 갑작스러운 이사에도 부모님이 끝끝내 버리지 않는 물건은 바로 할머니의 할머니의 할머니로부터 내려왔다는 자개장. 방구석 한 자리를 차지한 자개장은 낡고 커다란 짐처럼 느껴지지만 웬걸, 자개장에서 나온 할머니는 외로워하는 아이를 영롱하게 빛나는 자갯빛 세계로 안내한다. 판타지와 현실을 넘나드는 신비로운 여정 속에서 아이는 따뜻한 위로를 느낀다. 가족의 진정한 유산은 단순한 자개장이 아닌 세대를 내려온 사랑. 이 유산이 있다면 우리는 다시 일어설 수 있을 것이다.

#할머니  #가족  #사랑  #모형

## 엄마라면

백은하 글, 이주안 그림 I 현암주니어 I 20240630 I 한국 그림책
44쪽, 208×263mm I 14,000원 I ISBN 9788932376318

할머니가 차려주신 밥을 먹을 때도, 학교에 갈 때도, 숙제를 할 때도, 친구와 놀 때도 온통 엄마 생각뿐이다. 만날 수 없는 엄마의 자리는 생각할수록 더욱 커져만 간다. 한껏 생각하고 실컷 심통 부리며 슬퍼하고 나서야 엄마가 보고 싶은 마음을 꺼내놓을 수 있다. 이제 할머니와 같이 엄마의 빈자리 대신 하늘의 별을 바라본다. 어린이가 경험하는 상실과 수용의 과정을 찬찬히 그려냈다. 한 아이를 돌보기 위해 꼭 필요한 일상의 노동을 할머니를 통해 세세하게 담았다.

#식구  #엄마  #이별  #할머니  #감정

## 하늘에서 떨어진 아이

전미화 글, 조원희 그림 | 문학과지성사 | 20240328 | 한국 그림책
48쪽, 188×257mm | 17,000원 | ISBN 9788932042657

전미화 작가는 독자들이 '보편적'이라고 생각하는 가족의 모습을 허물고 세상의 다양한 가족과 그 안의 어린이를 보살피는 작품을 써왔다. 조원희 작가는 어린이의 마음속 어려움을 발견하고 부서지기 쉬운 약한 존재들을 따스하게 보듬는 그림을 그려왔다. 전미화 작가가 글을 쓰고 조원희 작가가 그림을 그린 이 책은 '입양'이라는 문제를 다룬다. 이 작품만의 특별함이 있다면 태어난 생명 그 자체의 존엄함을 부정하고 차별적으로 대하려는 사람들을 향해 끈질기게 의문을 던진다는 점이다. 간결하면서도 강렬한 그림과 작은 아이를 감싸 안고서 네가 어디서 왔는지보다 너라는 사실이 중요하다고 말하는 아버지의 모습이 감명 깊다. 세상에는 여러 형태의 가족이 있으며 서로 사랑하는 마음은 같다는 것을 깨닫게 하는 그림책이다.

#입양  #가족의 형태  #생명

## 기억나요?

시드니 스미스 글·그림, 김지은 옮김 | 책읽는곰 | 20240509 | 캐나다 그림책
48쪽, 228×254mm | 15,000원 | ISBN 9791158364601

막 이사해서 어지럽게 쌓인 짐으로 가득한 방, 어둠 속에 누워 있는 엄마와 아이가 보인다. 그들은 밤이 새도록 따뜻한 추억을 나누며 낯선 곳에서의 불안을 달래고 서로를 위로한다. 어둡던 방은 이윽고 햇살이 비치며 빛으로 가득 찬다. 이들이 왜 이곳에 오게 되었는지 작가는 말하지 않는다. 독자는 그 여백에서 저마다의 변화와 상실의 순간들을 떠올리며, 두 사람의 내일을 조용히 응원하게 된다. 평범한 하루하루의 기억은 휘발되지 않고 우리 안에 남아 내일의 동이 트기를 기다릴 원동력이 된다. 무엇을 기억할지, 어떻게 간직할지는 우리의 몫이다. 그리고 그 기억은 각자의 방식으로 남아 또 다른 내일을 비추게 될 것이다.

#희망 #가족의 힘 #기억

## 오로지 나만

사라 룬드베리 글·그림, 김아영 옮김 l 봄볕 l 20240923 l 스웨덴 그림책
64쪽, 235×265mm l 18,000원 l ISBN 9791193150450

어린이가 주체적으로 삶을 꾸려나가는 일은 함께하는 어른들의 태도와 깊은 관련이 있다. 이 그림책에서 아이의 주양육자인 여성은 처음부터 끝까지 어린이의 모험을 간섭하거나 방해하지 않으면서도 그의 귀환을 변함없는 장소에서 기다린다. 그런 점에서 책 속의 어린이가 말한 것처럼 "엄마는 부두"의 역할에 최선을 다한다. 스스로 자신이 한 척의 독립된 '배'임을 깨달은 어린이는 자연 속으로 들어가 또 다른 자기 자신이기도 한 환상적 존재들과 만나며 차원이 다른 성장을 경험한다. 사라 룬드베리가 그려낸 깊은 숲의 안쪽까지 투명하게 들어오는 환한 햇빛은 자연 속으로 거침없이 나아가는 어린이의 호기심을 응원하는 것처럼 화사하다. 어린이의 자기 긍정과 자존감을 높여주는 아름다운 그림책이다.

#독립  #성장  #모험

### 이상한 나라의 흰토끼 부인

질 바슐레 글·그림, 나선희 옮김 | 책빛 | 20241014 | 프랑스 그림책
40쪽, 212×305mm | 16,800원 | ISBN 9788962194746

역사에 이름을 남긴 남성 뒤에는 항상 돌봄 노동을 하는 여성이 있었다. 문학 속 남성 인물의 주변은 어떨까? 주인공이 새로운 세계를 탐험하며 놀라운 경험을 하는 중에도 누군가는 그를 위해 밥하고 빨래하고 청소를 했을 것이다. 이 인식의 틀에서 이야기는 출발한다. 이상한 나라의 흰토끼가 '바깥일'을 하는 동안 흰토끼 부인은 집 안에서 여섯 아이를 돌보느라 쉴 틈이 없다. 항상 찌푸린 흰토끼 부인이 유일하게 환한 미소를 짓는 장면이 있다. 무엇이 흰토끼 부인을 웃게 했는지 주목해보자. 빅토리아 시대의 영국 문화와 생활상을 빼곡하게 담은 세밀하고 유머러스한 그림이 경이롭다.

#돌봄 노동  #빅토리아 시대  #성역할

## 언니를 만나는 밤

윤수란 글, 김은진 그림 | 가나출판사 | 20240404 | 한국 그림책
64쪽, 190×255mm | 16,000원 | ISBN 9791168091207

아홉 살의 작은언니를 떠나보낸 윤수란 작가의 자전적 이야기. 공부 잘하는 큰언니, 싸움을 잘하는 작은언니를 둔 '나'는 일상이 만족스럽다. 어느 날 작은언니 몸에 회색 점이 생긴다. 점이 커질수록 작은언니는 작아진다. 작은언니가 완전히 사라지는 날, 사람들은 작은언니에게 수의가 아닌 드레스를 입히고, 죽음을 끝이 아닌 생일로 기리며 작은언니에 관한 각자의 기억을 공유한다. 건강한 애도 덕분에 '나'는 언니가 떠난 날을 "언니를 만나는 밤"이라고 부를 수 있게 된다. 어린이의 솔직하고도 담백한 시선으로 바라본 죽음이 남은 이들을 위로한다.

#병  #죽음  #이별  #가족

## 엄마와 성당에

조동익 글, 소복이 그림 | 청어람미디어 | 20240624 | 한국 그림책
92쪽, 153×243mm | 16,800원 | ISBN 9791158712501

조동익의 노래 <엄마와 성당에>에 소복이 작가가 그림을 입힌 책. 노랫말을 단순히 시각적으로 재현하는 대신 노래를 씨앗 삼아 새로운 이야기를 피워냈다. 과거와 현재가 교차하는 장면들은 화자인 '나'와 엄마의 뒤바뀐 관계를 극적으로 보여준다. 예전에는 엄마를 쉽게 웃게 할 수 있었지만, 이제는 지친 엄마를 어떻게 위로해야 할지 알 수 없다. 갈라진 시간의 틈은 성당 종탑 위에서 하나의 풍경으로 이어지고, 그곳에서 나와 엄마는 과거의 자신들을 만나 서로를 이해하게 된다. 과거나 지금이나 엄마가 어떤 기도를 드렸는지는 결코 알 수 없지만 가족이 함께 쌓아온 추억이 보이지 않는 실처럼 서로를 묶고 있음을 따뜻하고 아름답게 그려냈다.

#노랫말  #가족  #사랑  #추억

### 달걀이 탁!

고이 글, 김연제 그림 | 마음이음 | 20240110 | 한국 동화
104쪽, 152×215mm | 12,500원 | ISBN 9791192183763

수줍고 어수룩한, 쓸쓸하고 외로운, 어깨를 잔뜩 웅크린 어린이들에게 유독 시선이 닿는다고 작가는 말한다. 이야기의 주인공이 빛나기만 하다면 판타지로는 좋겠지만 현실의 서사라면 독자의 공감을 일으킬 수 없다. 이 책에는 빈곤하고 외롭지만 서로 기대어 살아가는 일상의 소중함을 깨닫는 어린이들이 등장한다. 아빠를 위해 달걀을 깨뜨리는 지은과 자신보다 더 빈곤한 친구 영식을 기다리기로 한 나, 파스를 사기 위해 늦은 밤 약국으로 달려가는 민재, 그리고 오렌지 팔레트를 언니에게 돌려주며 마음을 털어놓게 되는 선아가 그들이다. 세상의 어둠을 너무 일찍 알아버린 의젓한 주인공들이 안쓰럽지만, 그럼에도 자존감을 잃지 않고 꿋꿋하게 성장하는 어린이들에게 마음이 열린다.

#가족 #빈곤 #자존감 #우정

### 룰스: 단 한 사람만을 위한 규칙

신시아 로드 글, 천미나 옮김 | 초록개구리 | 20240205 | 미국 동화
248쪽, 137×208mm | 16,800원 | ISBN 9791157822775

열두 살 캐서린은 자폐 스펙트럼 장애가 있는 동생 데이비드를 돌보며 "음식을 씹을 땐 입을 다문다, 어항에 장난감을 넣지 않는다, 사람들이 있는 데서는 바지를 벗지 않는다"와 같은 동생만을 위한 규칙을 만든다. 데이비드가 다니는 언어 치료 센터에서 만난 친구 제이슨과는 직접 만든 낱말 카드로 소통하며 깊은 우정을 쌓는다. 주변의 가까운 사람들 각자에게 맞는 방식을 찾아 적극적으로 소통하는 모습이 인상적이다. 장애 자매형제를 둔 어린이가 겪을 수 있는 일상의 에피소드가 녹아 있다. 웃음, 감동, 실망, 좌절 등 다양한 감정을 겪는 한 '평범한' 가족의 이야기다.

#자폐 스펙트럼   #소통   #가족   #우정

# 사회적 소수자

Q12 사회적 소수자의 자기 발견과 성장을 편견 없이 보여 주나요?

Q13 사회적 소수자는 보조적인 인물로만 등장하지는 않나요?

Q14 다양한 계층과 문화권의 여성을 현실적으로 보여 주나요?

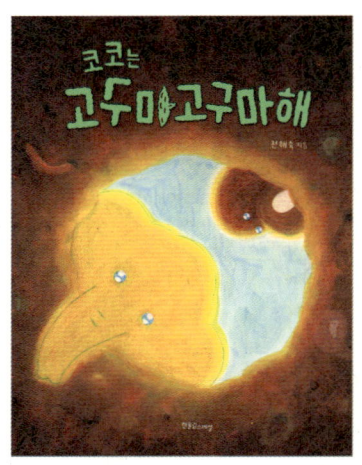

## 코코는 고구마고구마해

전해숙 글·그림 | 한울림스페셜 | 20230328 | 한국 그림책
44쪽, 193×260mm | 15,000원 | ISBN 9791191973129

오로지 고구마밭에만 관심 있는 노란 코끼리 코코. 두더지 두두는 코코를 새로 이사 온 땅속 집으로 초대하고 싶다. 하지만 코코는 고구마를 다 거둘 때까지는 전혀 움직일 생각이 없어 보이는데…. 작가는 조카의 모습을 반영한 주인공 코코를 통해 자기만의 세계가 확실하고 행동과 말투에서 독특한 표현 방식을 가진 자폐 스펙트럼 장애인의 특징을 잘 보여주고 있다. 또한 고구마밭이라는 재미난 배경을 설정하여 장애인과 비장애인이 뜻밖에 아주 가까이에서 연결된 채로 살고 있다는 사실까지도 실감하게 해준다.

#발달장애  #자폐 스펙트럼  #의사 소통  #관계 맺기  #공감

## 노란 길을 지켜 줘

박선영 글·그림 | 노란상상 | 20231004 | 한국 그림책
56쪽, 243×180mm | 15,000원 | ISBN 9791193074091

어느 날, 심심한 어린이들에게 문득 길가의 노란 점자블록이 눈에 들어온다. 이 블록을 따라 가면 뭐가 나올까? 어린이들은 점자블록에 의지하는 시각 장애인을 만나면서, 그 길이 어떻게 해야 제대로 기능할 수 있는지 알게 된다. 시각 장애인들이 안전한 일상을 살아갈 수 있게 도와주는 노란 길은 호기심 많은 비장애인 어린이들에게는 새로운 세계를 만나는 매개가 되었다. 말끔히 새로 단장된 노란 길 주위로 펼쳐지는 평화로운 일상은 상상이 아닌 현실 속 우리의 모습이어야 하지 않을까.

#시각 장애 #점자블록 #유도블록 #이동권 #배리어 프리

## 무궁화꽃이 피었습니다

현단 글·그림 | 이루리북스 | 20240925 | 한국 그림책
44쪽, 150×300mm | 19,000원 | ISBN 9791193545270

이 책에서 '무궁화꽃이 피었습니다' 놀이의 규칙은 조금 다르다. 움직이는 사람이 아니라 소리를 내는 사람이 술래에게 잡힌다. 술래는 모두가 두려워하는 희나. 처음부터 이 이야기가 의도하는 바를 단번에 알아채기는 어렵다. 마지막에 희나가 시각 장애를 지니고 있다는 사실을 알게 되지만 함께 놀이를 마친 아이들에게는 중요하지 않다. 역동적이고 자유로운 몸짓처럼 어린이의 놀이는 훨씬 열려 있다. '보다'라는 행위가 주요한 놀이의 규칙을 비틀어 '듣는다'라는 행위로 치환하며 더 넓은 범주의 상상력을 펼친 작가의 재치가 빛난다. 장애와 비장애를 구분하지 않고 모든 다양성을 받아들이는 '자연스러움' 그 자체를 마주하는 이야기다.

#시각 장애  #놀이  #다양성  #연대

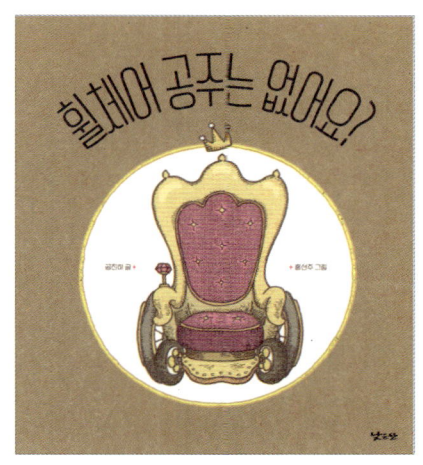

## 휠체어 공주는 없어요?

공진하 글, 홍선주 그림 | 낮은산 | 20241025 | 한국 그림책
40쪽, 205×235mm | 16,800원 | ISBN 9791155251768

"백설 공주, 인어 공주, 잠자는 숲속의 공주, 종이 봉지 공주도 있는데 왜 휠체어 공주는 없어요?" 휠체어에 앉은 어린이가 울먹이며 말한다. 그래서 이 어린이는 휠체어 공주 이야기를 스스로 만든다. 어디든지 갈 수 있고, 뭐든지 할 수 있는 공주. 하지만 길을 막아버린 차 앞에선 꼼짝할 수 없다. 현실과 상상을 오가는 이야기 끝에서 휠체어 공주는 이웃나라 공주의 도움으로 용의 손아귀에서 벗어나고 친구가 된다. 이 친구는 멋진 부츠를 신고 오토바이를 타는 공주다. 휠체어도, 오토바이도 똑같이 두 바퀴를 굴려 세상과 만나니 둘은 단짝일 수밖에 없는 운명. 휠체어 공주는 그렇게 또 하나의 공주 이야기를 쓴다.

#장애  #휠체어  #공주 이야기  #자아 찾기

### 주민이의 동네 한 바퀴

정재숙 글, 이주민 그림 | 비룡소 | 20240627 | 한국 그림책
48쪽, 198×282mm | 14,000원 | ISBN 9788949102641

페이지를 넘기며 하나하나 펼쳐지는 발달장애인 청년의 일상은 비장애인의 일상과 특별히 다를 것이 없다. 편의점에 가서 컵라면을 사 먹고, 부모님 심부름도 하고, 음식을 골고루 먹지 않아 조리사 선생님에게 잔소리도 듣는다. 주민 씨를 적극적으로 도와주거나, 또는 별다른 것 없이 대하는 여러 이웃과 소통하며 오늘도 주민 씨는 건강하게 살아간다. 주민 씨가 직접 그린 이웃과 가족의 모습에선 서로의 애정이 듬뿍 묻어나며, 엄마 정재숙이 주민 씨의 일상을 재구성하여 쓴 글 또한 유쾌하고 따뜻하다.

#발달장애  #이웃  #지역사회  #존중

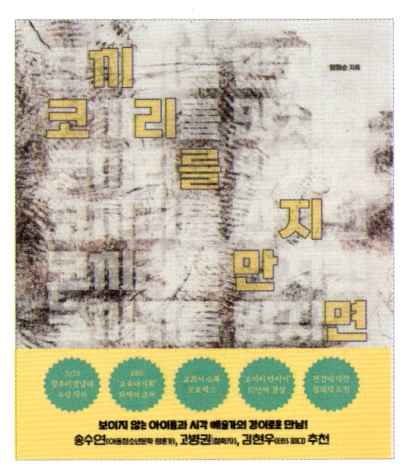

### 코끼리를 만지면: 엄정순의 예술 수업
엄정순 글 | 우리학교 | 20241205 | 한국 그림책
52쪽, 210×255mm | 16,800원 | ISBN 9791167552785

작가가 10년 넘게 진행해 온 시각 장애 학생 예술 프로젝트 '코끼리 만지다'의 작품이 그림책이 되었다. 코끼리를 상상하고 만나며 창작한 회화, 사진, 조소 등 다양한 작품과 텍스트가 교차하며 하나의 이야기를 완성한다. '장님 코끼리 만지기'라는 묵은 은유를 이 예술적인 한 권의 책으로 시원하게 전복한다. '티칭 아티스트'와 학생들의 대화는 흥미로운 이야기 한 편이 되고, 그들이 함께 나눈 영감은 예술 작품이 되었다. 상상력 넘치는 이미지와 이야기가 담긴 유쾌한 그림책이자 감각과 대화를 통해 표현 주제를 발견하는 과정을 보여주는 생생한 예술교육 교재다.

#시각 장애  #상상력  #예술 수업

### 꿈꾸는 역도 소녀: 친절한 지혜 씨

윤주연·박현아 글, 권수연 그림 | 코이북스 | 20240531 | 한국 그림책
48쪽, 190×260mm | 14,000원 | ISBN 9791139419047

발달장애인은 불편함을 호소하거나 불만을 나타내기 위해 큰 소리를 지르거나 폭력적인 행동을 하는 경우가 있다. 이를 '문제행동'이라고 하며 제재를 가하는 것이 아니라 '도전적 행동'으로 보고 그 배경을 세심하게 들여다봄으로써 긍정적인 변화를 이끌어내는 과정을 자세하게 담아낸 지식 그림책. 대구대학교 특수교육재활과학연구소의 전문 연구자들이 참여했다. 발달장애인이 아니라도 비언어적인 방식으로 마음을 표현하는 모든 존재들을 어떻게 이해하고 의사소통할 것인지에 관한 이야기로 확장해서 읽으면 더욱 좋겠다.

#발달장애  #도전적 행동  #의사소통  #행동 지원  #대체행동 중재

## 나는 요정이 아니에요

이지현 글·그림 | 사계절 | 20240105 | 한국 그림책
40쪽, 220×290mm | 14,500원 | ISBN 9791169811798

삶에서 필수적으로 사용하는 옷, 이불, 가방 등의 생활용품에서 면은 주요한 원료다. 기업은 빠르게 더 많이 공급하고자 '면화 공급망 시스템'을 이용한다. 그렇다면 면의 원료가 되는 목화는 누가 수확할까? "사람들은 볼 수 없지만 나는 있어요"라는 첫 문장처럼 목화솜 뒤에는 많은 사람이 존재한다. 그중에서도 작가는 어떤 시스템으로도 보호받지 못하고 노동하는 '아이들'에 주목했다. 무관심 속에서 외면당하며 지워지는 요정 같은 존재들을. 이들은 누군가의 편의를 위해서만 존재하는 요정이 아니다. 과정이 지워지는 사회 시스템을 우리는 '자세히' 보아야만 한다. 어린이가 스스로 목소리를 내고, 부조리를 마주하며 자각하게 만드는 이야기는 계속 필요하다. 목소리 없는 근로자들은 쉬운 표적이 된다는 뒤표지의 문장까지도 묵직하게 다가오는 책이다.

#아동 노동  #사회 문제  #부조리  #무관심  #외면

### 밤티 마을 마리네 집

이금이 글, 한지선 그림 | 밤티 | 20240401 | 한국 동화
200쪽, 150×220mm | 13,500원 | ISBN 9791191826371

20년 만에 돌아온 밤티 마을 시리즈 네 번째 이야기. 어린 시절 자기 의지와 상관없이 집을 떠나야 했던 영미는 가족과 멀어진 채 무뚝뚝한 어른이 되었다. 네팔인 부모에게서 태어나 한국에서 자란 마리는 가끔 한국인도 네팔인도 아닌 겉도는 기분이 든다. 두 사람은 서로를 이해하게 되면서, 그리고 밤티 마을 팥쥐 할머니의 환대를 받으면서 서서히 상처를 회복해 간다. 농촌 사회나 이주 배경 가족 문제를 정면으로 다루면서도 섣불리 대상화하거나 미화하지 않으며 흥미진진하고도 진솔하게 이들의 삶을 그려낸 한국 아동 문학의 대표 시리즈이다.

#이주 배경 아동  #농촌  #가족  #회복

## 햇살 나라

이반디 글, 모예진 그림 | 위즈덤하우스 | 20241106 | 한국 동화
88쪽, 153×220mm | 13,500원 | ISBN 9791192655840

가혹한 현실을 살아가는 어린이도 있다는 사실을 보여주는 단편동화집. 「햇살 나라」는 2022년 여름 서울에서 일어난 신림동 반지하 일가족 사망 사건 직후 발표되었다. 사망한 가족 중에는 열세 살 어린이가 있었다. 현실에서 구조의 손길을 받지 못한 어린이를 작품에서는 '하늘 여신'이 '햇살 나라'로 데려간다. 「다정한 스튜어트」에서 학대당하는 어린이는 자신이 할 수 있는 방법으로 저항한다. 「마녀 포포포」에서 소수자 정체성을 지닌 마녀는 난민 어린이에게 공감하며 그를 돕는 과정 중에 자기 능력을 확인한다. 「이 닦아 주는 침대」의 어린이는 사회가 규정한 제도와 가치를 벗어나 자신의 길을 가겠다고 선언한다. 이 어린이들 곁에 「햇살 나라」의 어린이도 있을 것이다. 우리 어른들 역시 함께 있어 주길 초대하며.

#삶 #죽음 #재난 #희망

### 나의 망할 소행성

세라 에버렛 글, 이민희 옮김 | 다산어린이 | 20241021 | 미국 동화
320쪽, 140×210mm | 16,000원 | ISBN 9791130644059

소행성과 지구가 충돌하기 4일 전부터 이야기는 시작된다. 과학자 지망생 열한 살 소녀 케미는 가족과 친구의 존재를 다음 세대와 외계인에게 알리기 위해 추억이 담긴 갖가지 물건을 모아 타임캡슐에 넣으며 종말을 맞이할 준비를 한다. 케미가 더 나이지리아인답기를 바라는 할머니, 나이지리아인 엄마, 아프리카계 미국인 아빠, 동생, 이모, 삼촌, 사랑하는 사람들과 함께 보내는 마지막 3일, 2일, 4시간, 1시간, 3분의 시간. 놀라운 반전 끝에 케미는 "우리가 원하는 세상을 위해 계속 싸울 확률, 항상 그 다음이 있을 확률은 100%"라는 것을 발견한다. 생명, 인권, 평등, 연대의 가치를 100% 믿는다면 이 결론은 언제나 진실이다.

#인종차별 #삶과 죽음 #가족 #연대

## 오늘도 구르는 중: 휠체어 위 유튜버 구르님의 단단한 일상

김지우 글, 이해정 그림 | 풀빛 | 20240228 | 한국 어린이교양
120쪽, 150×232mm | 13,000원 | ISBN 9791161726601

16세부터 '구르님'이라는 이름으로 장애인 유튜브를 운영해온 김지우 작가의 경험이 담긴 동화책. 휠체어를 타고 바라보는 세상이 어떻게 다른지 구체적인 상황 묘사와 함께 들려준다. 비장애인이 장애인 어린이와 친구가 될 때 갖는 기본적인 마음가짐은 상대를 시혜적인 시선으로 바라보지 않는 것이다. 이 책은 장애인 어린이의 당당한 삶을 자랑스럽게 보여준다는 점에서 귀하다. 교실을 비롯해 장애인과 비장애인 어린이가 함께 지내는 생활공간이 다양하게 등장하며 그 안에서 벌어질 수 있는 일을 작가 자신의 체험을 곁들여 말해주어서 여러모로 실질적인 도움이 된다. 무엇보다 나와 다른 몸과 마음을 가진 친구를 이해하는 유연하고 밝은 마음을 갖게 해준다.

#유튜브  #사회적 소수자  #편견  #친구  #이동편

**다정한 하루 시리즈**

**학교 가는 길이 너무 멀어** 백정연 글, 김규택 그림 | 다정한시민 | 20240405
한국 어린이교양 | 124쪽, 153×207㎜ | 14,000원 | ISBN 9791198700216

**차별 없는 세상이 너무 멀어** 오찬호 글, 김선배 그림 | 다정한시민 | 20240610
한국 어린이교양 | 128쪽, 153×207㎜ | 14,000원 | ISBN 9791198700247

**동물의 행복이 너무 멀어** 김지숙 글, 원혜진 그림 | 다정한시민 | 20240910
한국 어린이교양 | 136쪽, 153×207㎜ | 14,000원 | ISBN 9791198700254

장애인, 이주 배경을 가진 사람들, 갇혀서 살아가는 동물들…. 이 모두가 존엄을 인정받고 시민격을 가진 존재로서 살아가는 세상을 구체적으로 보여주는 어린이 청소년 교양서 시리즈. 각자의 몸마다 다른 고유한 능력과 가능성을 인정받을 수 있도록, 남보다 능력 있는 사람이 되어야 한다는 경쟁 의식보다 평등과 인권에 대한 감수성이 더 높아지도록, 인간과 동물이 함께 행복한 삶을 누릴 수 있도록 노력하는 과정은 결코 쉽지만은 않겠지만, 분명 내가 속한 공동체를 더욱 안전하고 행복한 곳으로 만들어 주기에 해볼 만한 일일 것이다.

#장애  #이동권  #동물권  #이주 배경  #외국인 노동자

## 내일의 피크닉

강석희 글 | 책폴 | 20240130 | 한국 청소년소설
248쪽, 140×205mm | 14,000원 | ISBN 9791193162217

보호 종료 아동인 수안은 정착비 500만 원을 받아 집을 마련하고 배달 라이더와 물류 센터 일일 노동자로 일한다. 수안과 같은 특성화 고등학교를 다니던 연과 해원은 학교 성적이 가장 좋아 콜센터에서 현장 실습을 하게 된다. 회사는 '블랙컨슈머'의 괴롭힘을 방관하며 이를 상담원 개인에게 떠넘기고, 보호받지 못한 상담원은 고통을 견디다가 기계 부품처럼 교체된다. 조직에서 살아남기 위해 친구에게 고통을 떠넘긴 죄책감에 결국 스스로 세상을 떠난 연의 죽음은 "작고 무력한 사람들이 서로를 공격하게 만드는 어떤 존재"가 불러일으킨 것이었다. 해외여행도 아니고 공항에서의 피크닉을 바랐던 연의 소원은 이루어지지 못했지만 수안과 피크닉을 하러 떠나는 마지막 페이지의 환상은 둘에게도 그러한 내일이 주어져야 한다고 말한다.

#청소년 노동  #보호 종료 아동  #자립

## 파도의 아이들

정수윤 글 | 돌베개 | 20240627 | 한국 청소년소설
220쪽, 140×210mm | 14,000원 | ISBN 9791192836720

열여섯 살의 북한 청소년 설, 광민, 여름이 고향을 떠나 새로운 삶과 미래를 찾는 여정을 그렸다. 탈북 과정에서 목숨을 건 위기와 고난, 한계를 겪으면서도 굴하지 않고 자유에 대한 의지와 희망을 그리며 끝까지 나아간다. "여기가 바로 우리의 나라야." 오직 자기 자신으로만 존재하며, 생애 처음 푸른 바다 앞에 서서 느꼈을 자유로움에 벅찬 감정이 파도처럼 밀려들어 온다. 작가는 13년 동안 100여 명에 달하는 탈북 청소년을 인터뷰하며 마땅히 해야 할, 들려 주어야 할 목소리를 소설에 담았다. 탈북민을 주인공으로 한 이야기이지만 난민, 이주민, 재일 동포 등 수많은 디아스포라의 삶이 떠오르는 작품이다.

#탈북 청소년   #디아스포라 문학   #경계   #자유   #희망

### 장애인이 더 많은 세상이라면
박윤영·채준우 글 | 뜨인돌 | 20231020 | 한국 청소년교양
272쪽, 140×200mm | 15,000원 | ISBN 9788958079774

장애인과 비장애인 커플이 각자, 또는 같이 있을 때 겪은 온갖 차별과 배제의 경험을 담은 책. 유독 한국 사회에서 장애인 차별이 심한 이유와 대안적인 상상력을 담백하고 차분하게 들려준다. 책 곳곳에는 '장애인이 더 많은 세상이라면'이라는 제목의 유머러스한 미러링 에피소드가 실려 있지만 두 사람은 결코 장애와 비장애가 기계적으로 반전된 세상을 원하지 않는다. 장애인들이 최전선에서 목소리를 높이며 싸우는 이유는 그 어떤 사람도 차별받거나 배제되지 않고 동등하게 존엄을 누리는 세상을 만들고 싶기 때문이다. 두 사람의 경험에 귀를 기울이다 보면 장애와 비장애, 정상과 비정상의 경계를 과연 나눌 수 있는지 자연스레 고민하게 될 것이다.

#장애  #이동권  #배리어 프리  #차별  #공감

### 너와 나의 퍼즐

김규아 글·그림 | 창비 | 20240920 | 한국 그래픽노블
416쪽, 166×235mm | 25,000원 | ISBN 9788936448776

전작 『밤의 교실』에서 후천적 시각 장애를 갖게 된 어린이를 다룬 작가의 신작. 로봇이 일상화된 2038년을 배경으로 한쪽 팔이 로봇인 열두 살 '은오'가 주인공이다. 은오는 얼굴에 봉투를 쓰고 다니는 전학생 '지빈'으로 인해 정체성이 흔들린다. 신체의 불편함은 과학과 의학으로 해결할 수 있을지언정 마음의 문제를 풀기 위해서는 의지와 용기가 필요하다. 근미래의 이야기임에도 지금 시대 어린이들의 고민과 어려움에 닿아 있다. "어떤 문제도, 그 어떤 힘든 일도 너보다 작아." 작가가 건네는 정직한 메시지다.

#장애 인권　#장애의 사회적모델　#로봇　#2038년

## 햇빛 캠프

재럿 J. 크로소치카 글·그림, 조고은 옮김 | 보물창고 | 20241020 | 미국 그래픽노블
240쪽, 153×216mm | 18,000원 | ISBN 9788961709620

고등학생 소년의 인생을 바꾼 일주일의 경험이 담긴 이야기. 작가가 난치병을 앓고 있는 어린이를 위한 캠프에 봉사자로 참가했던 일을 회고하는 그래픽노블이다. '햇빛 캠프'에는 소아암과 희귀병을 앓는 아이들과 그 가족이 모인다. 자연 속에서 그들은 서로를 환자로 대하지 않는다. 건강한 아이들에게 밀려나 있었던 이들이 모임의 중심이 된다. 이 책은 병과 죽음 뒤에도 계속되는 희망을 보여줌으로써 삶을 마주볼 수 있는 용기를 준다.

#난치병 #삶과 죽음 #희망 #용기

## 뇌전증 일기

부엉이처방전 글·그림 | 위즈덤하우스 | 20230412 | 한국 그림에세이
180쪽, 130×190mm | 16,000원 | ISBN 9791168125070

뇌전증은 치매, 뇌졸중과 함께 3대 신경계 질환으로 불리고 세계적으로도 1% 가량의 유병률을 보이는 비교적 흔한 질환이다. 그러나 뇌전증 환자들은 평소에는 '건강해 보이는데 뭐가 문제냐'는 오해를 받고, 발작을 일으키게 되면 특유의 증상 때문에 낙인과 혐오에 시달린다. 뇌전증이라는 병명보다 뇌전증을 비하하는 '지랄'이나 '땡깡'이라는 말이 더 흔하게 쓰이는 것을 보아도 이들의 고통을 짐작할 수 있다. 작가는 병에 대한 무지와 환자에 대한 혐오 때문에 상처받았던 경험을 들려주면서, 응급조치법을 비롯해 누구든 알아두면 좋을 기본적인 뇌전증 관련 정보들도 꼼꼼히 정리했다.

#뇌전증  #낙인  #혐오  #응급조치

### 그림책 읽는 나는, 특수교사입니다

공진하 글 | 한울림스페셜 | 2C240420 | 한국 양육자교육
240쪽, 130×205mm | 22,000원 | ISBN 9791191973150

30년차 특수학교 교사이자 동화 작가인 저자가 풀어놓는 학교와 그림책 이야기. 장애 학생을 가르치는 특수학교 교사이면서 장애 어린이가 주인공인 동화와 그림책을 써온 작가가 학생들과 그림책을 어떻게 읽었는지 오롯이 눈앞에 그려진다. 개인 휠체어가 없던 시절에 구르고 기어서라도 기쁜 표정으로 교실에 들어오던 학생, 방학이니까 내일부터 학교에 오지 않는다는 말에 눈물을 흘리는 학생, 학교에 올 상황도 안 되는 학생을 위해 재택 순회 교육에 나서는 교사. 그들의 만남에는 그림책이 있었다. 작가는 그림책이 "좋은 수업 자료가 되어주기도 했지만, 거꾸로 어린이들과 함께 지내면서 그림책을 더 좋아하게 되었다"고 한다. 어린이책과 어린이가 연결되고 서로 사랑을 키워나가는 과정을 발견할 수 있다.

#특수학교　#장애　#그림책 수업

# 표현

Q15 표정, 자세, 차림새 등의 그림이
　　 성별 고정 관념에 따라 표현되지는 않나요?

Q16 비인간 등장인물이 성별 고정 관념에 따라
　　 의인화되지는 않나요?

Q17 배경 그림에서 인물과 상황의 묘사가
　　 성별 편견 없이 다양한가요?

### 타세요, 타!

허아성 글·그림 | 국민서관 | 20240329 | 한국 그림책
46쪽, 225×210mm | 15,000원 | ISBN 9788911130849

아기 오리 여럿을 데리고 타는 엄마 오리, 걸음이 느린 거북, 앞이 잘 보이지 않는 두더지, 덩치가 어마어마한 코끼리, 짐이 엄청나게 많은 할머니랑 휠체어를 탄 치타. 노란 버스는 그 누구에게도 승차 거부를 하지 않는다. 버스에 탄 손님들도 마찬가지로 서두르거나 다른 승객을 타박하지 않는다. 장애인, 아동, 노인, 양육자 등 모두가 마땅히 함께 누려야 할 이동권에 관해 쉽고 명쾌하게 보여 주는 그림책이다.

#장애 인권  #아동 인권  #이동권  #탈것

## 점과 선과 새

조오 글·그림 | 창비 | 20240726 | 한국 그림책
56쪽, 263×200mm | 16,000원 | ISBN 9788936429287

고층 건물로 둘러싸인 도시 속에 까마귀와 참새가 산다. 어느 날 까마귀는 유리창에 부딪쳐 쓰러진 참새를 발견하고 오랫동안 생각해온 일을 하기로 결심한다. 더 이상 부딪치지 않도록 투명한 유리창에 알록달록한 색으로 점을 찍고 선을 긋기로 한 것. 어느새 같은 마음으로 모인 다른 새들도 점과 선을 그린다. 색색의 점과 선이 모인 풍경은 아름답고 평온하다. 현실에도 그랬다면 좋았을 텐데…. 유리에 부딪혀 죽음을 맞는 새가 연간 800만 마리에 달한다. 이 책은 새들이 비행을 시도하지 않는 높이 '5x10 규칙'을 모티프로, 고통과 위기를 공감하고 소중한 세계를 잃지 않고자 노력하는 연대를 향한 이야기다. 작은 노력으로도 충분히 가능한 세계, 변화시키는 기회에 관해 생각해보자.

#새  #환경  #죽음  #공감과 변화

## 통이는 그런 고양이야

마야 막스 글·그림, 김보나 옮김 | 나는별 | 20231207 | 일본 그림책
72쪽, 210×297mm | 18,000원 | ISBN 9791188574568

튼튼하고 건강한 고양이 통이에게는 다리 하나가 없다. 빨리 달리지도 못하고 무엇이든 빼앗기고 놓치기 일쑤지만 통이가 할 수 있는 일들은 아주 많다. 다리 하나가 없는 '그런' 모습 그대로를 받아들이고 자기답게 삶을 즐기는 통이의 모습은 만족스러워 보인다. 작가는 없는 것과 할 수 없는 것보다 내가 가진 것과 할 수 있는 것에 기뻐하길 바라며 이 이야기를 썼다. 장애에 대한 편견이야말로 가장 큰 장애가 될 수 있다는 걸 깨닫는다. 누구나 각자 자기만의 부족함과 가능성을 동시에 갖고 산다는 사실을 긍정해야 한다. 주인공이 고양이라서 인간적 시선에 얽매이지 않고 본능을 따르며 자유로운 쾌감을 느낄 수 있는 것도 이 책의 매력적인 부분이다.

#장애 #자기다움 #다름 #자존감 #고양이

## 색깔을 찾는 중입니다

키아라 메잘라마 글, 레자 달반드 그림, 이세진 옮김 | 다그림책 | 20220210
프랑스 그림책 | 32쪽, 205×255mm | 15,000원 | ISBN 9791198635488

뜨개질하는 소년, 발레 하는 소년, 치마를 즐겨 입는 소년, 분홍색을 좋아하는 소년 등 그동안 우리는 젠더 고정관념에서 벗어난 소년의 이야기를 즐겨왔다. 이제는 화려한 패턴의 옷감을 골라 재봉틀로 옷을 짓는 소년을 만날 차례다. 고정된 남성성에 편입되지 않고 자신의 고유한 빛깔을 지키려고 하는 소년의 이야기는 언제나 반갑지만, 이들이 놀림거리가 되고 상처받는 상황은 여전하다. 주인공 발랑탱은 벌어진 흉터를 꿰매는 마음으로 알록달록 각양각색의 원단을 잇는 재봉틀 작업에 몰입한다. 발랑탱의 곁에는 지지해주는 가족이 있다. 색깔을 찾는다는 건 자신이 좋아하는 것들을 알고 정체성을 찾아가는 과정임을 다채로운 빛깔의 감각적인 그림으로 보여준다.

#젠더 고정관념  #자존  #자기 정체성  #이해

### 최악의 최애

김다노 글, 남수현 그림 | 다산어린이 | 20240214 | 한국 동화
176쪽, 135×198mm | 14,000원 | ISBN 9791130650470

작가가 '부드럽고 신중한 로맨스'를 구체화시킨 다섯 편의 사랑 이야기. 졸업을 앞둔 6학년 어린이들이 봄에서 시작해 사계절을 지나 다음 봄까지 달려 나가는 계절 연작집이다. 일반적으로 쉽게 떠올릴 수 있는 사랑 이야기에서 벗어나 남자아이가 여자아이보다 키가 작거나 (「무지와 미지」), 여자아이가 연상인 커플(「확신의 확률」), 신체 조건이 다른 두 아이(「최악의 최애」) 등 다양한 사랑이 펼쳐진다. 싫은 건 용기 내어 거절하고, 좋아하는 것은 쉽게 포기하지 않길 바라는 응원이 담겨 있다.

#로맨스  #사춘기  #다양성  #표현

## 박하네 분짜

유영소 글, 남수현 그림 | 문학동네 | 20231103 | 한국 동화
132쪽, 153×220mm | 12,500원 | ISBN 9788954695923

연애, 가족, 친구 관계에 대한 고민과 이사, 전학 등과 같은 변화로 흔들리면서도 당당하게 자기 삶의 주인공으로 살아가는 열세 살 어린이들의 이야기. 눈치 없는 소꿉친구에게 가슴이 뛰고, 할아버지의 장례식장에서 새아빠의 마음을 떠올려보고, 혼란스러운 친구 관계에 휩쓸리지 않고 나만의 해결책을 찾는 등 하루하루 조금씩 달라지는 내일을 그려 나가는 여섯 편의 성장담이다. 스스로 직접 부딪혀가며 자기만의 답을 찾아가도록 가능성을 열어주며 어린이들을 묵묵히 지지해주는 작가의 시선이 믿음직스럽다. 다양한 가족의 형태를 자연스럽게 그려냈을 뿐 아니라, 생생하게 살아 있는 캐릭터들 덕분에 이야기의 여운이 길게 남는 작품이다.

#성장 #우정 #연애 #친구 관계

## 사랑은 초록

조은비 글, 김지인 그림 | 창비 | 20240607 | 한국 동화
144쪽, 152×225mm | 12,000원 | ISBN 9788936443344

어린이도 사랑이 궁금하다. '사랑'을 주제로 엮어낸 여섯 편의 단편동화집. "사랑이란 뭘까?" 몸도 맘도 빠르게 자라고 있는 어린이들은 혼란 속에서도 사랑을 빚어 나간다. 관심도 없던 상대가 어느 날 마음에 훅 들어오기도 하고(「사랑해」), 아직 고백도 하지 않은 상대와의 결혼을 꿈꾸고(「푸른 계절」), 남들은 모르는 그 아이의 어떤 면을 발견하기도 하는(「우리 반 캐릭터 카드」) 어린이들의 다채로우면서도 솔직한 이야기가 독자들에게 다정하게 다가간다. 정말 사랑은 초록일까? 어떤 색의 사랑으로 채워나갈지는 이 책을 읽은 어린이들의 선택이다.

#사랑의 방식  #설렘  #두려움  #사춘기

### 어떤 말: '말'에 관한 여덟 가지 이야기

모리 에토 글, 시라코 외 7인 그림, 김소연 옮김 | 책읽는곰 | 20240115
일본동화 | 192쪽, 152×210mm | 14,000원 | ISBN 9791158364458

부드러운 말은 슬픔을 위로해주는 힘이 있지만 어떤 말은 칼날을 갖고 있어서 마음을 깊게 다친다. 또래 친구와 사회적 관계를 맺을 때 어린이들이 가장 힘겨워하는 것 중 하나는 상대의 특성과 상황에 따라 알맞은 대화를 나누는 일이다. 이 책에 실린 여덟 편의 작품들은 어긋난 말이 가져온 고민들과 말이 불러일으키는 감정의 파장을 다룬다. 대화 도중에 뜻밖의 반응을 만났을 때도 당황하거나 겁에 질리지 않고 상대의 마음을 이해하면서 섬세하게 대응할 수 있도록 도와준다. 대화의 기술을 알려주는 책은 아니지만 읽고 나면 이 세상에 떠도는 여러 결의 말의 무게를 이해할 수 있고 사람을 만나는 일에 대한 두려움을 약간은 줄일 수 있다. 누구에게나 말 못 할 아픔이 있다는 사실과 대화를 통해 연대하고 서로의 삶을 격려하는 방법에 대해서도 일러준다.

#말의 힘  #대화  #감정

# 젠더 다양성

Q18 다양한 젠더 정체성을 가진 인물을 긍정적, 입체적으로 보여 주나요?

Q19 성소수자에 관한 정확한 지식을 알려 주고 성소수자 인권을 지지하나요?

## 우리는 페미니스트 어린이입니다

블랑카 라카사·루이스 아마비스카 글, 구스티 그림, 서현주 옮김 | 책과콩나무 | 20240722
스페인 어린이교양 | 40쪽, 255×255mm | 14,000원 | ISBN 9791192529905

'우리', '페미니스트', '어린이'가 모두 들어간 제목이라니. '페미니스트'란 여성에 대한 부당한 차별을 철폐하고자 하는 사람들을 일컫는 말이다. 안타깝게도 악의적으로 뜻을 변질시켜 타인을 공격하고 조롱하는 데 쓰는 이도 있다. 이 책은 어린이에게 '페미니스트'란 어휘의 본질을 돌려준다. 페미니스트 어린이는 평등하다. 모든 빛깔을 사랑하고, 성별을 가리지 않고 함께 논다. 외모, 체형, 신체 조건, 취향, 재능 등 서로의 같음과 다름을 인정한다. 진정한 자유다. "우리는 페미니스트야!" 자기 결정권을 지닌 어린이들의 당당함이 울려 퍼지는 책.

#페미니즘  #교육  #페미니스트  #표현

## 플랜B의 은유

윤슬빛 글 | 돌베개 | 2024.04.08 | 한국 청소년소설
188쪽 | 140×210mm | 14,000원 | ISBN 9791192836607

벽장 속에서도 자유롭게. 퀴어 커뮤니티 모임이 열리는 카페 이름이다(Freely in the closet). 이 책은 남들과 다른 성정체성 때문에 홀로 벽과 마주 보고 있을 청소년들을 다룬 단편소설집이다. 작가는 주변부로 밀려 있던 청소년들이 더는 '투명 인간'으로 살지 않도록 중심으로 데려온다. '젠더 퀴어'나 '논바이너리' 같은 용어에 쉽게 혐오의 잣대를 갖다 대는 사회에서도 넌 "어디로든 갈 것"이라고 말해 주는 작가의 진심 어린 응원이 일곱 빛깔로 펼쳐진다.

#LGBTQ  #성정체성  #소도시

## 요나단의 목소리 1~3

정해나 글·그림 | 놀 | 20221027 | 한국 만화
340, 356, 340쪽, 145×200mm | 각 17,000원 | ISBN 9791130694276

퀴어 청소년은 가정과 학교에서 무엇을 경험할까? 기독교 퀴어 청소년은 교회에서 어떤 시간을 보낼까? 목회자 아버지를 둔 선우는 공부와 성가대 활동을 열심히 하는 모범생이다. 하지만 진심을 쉽게 드러내지 못하고 참아내는 삶을 산다. 자신의 진실한 목소리는 숨긴 채 성가대에서 노랫소리만 낼 수 있을 뿐이다. 종교와 사회 규범이 어떻게 한 영혼을 침잠하게 할 수 있는지 담담하고 고요하게 그린다. 기독교인, 비기독교인 모두가 공감할 수 있는 완결성 높은 사랑과 슬픔의 이야기다.

#청소년 #퀴어 #기독교 #공감

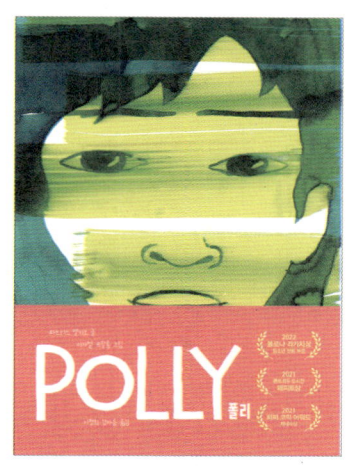

### 폴리

파브리스 멜키오 글, 이자벨 프랄롱 그림, O 정희·강아름 옮김 l 목요일 l 20231210
프랑스 그래픽노블 l 152쪽, 170×240mm l 20,000원 l ISBN 9791196343002

성별 이분법에 들지 않는 '인터섹스'를 다룬 그래픽노블. 폴리는 특별한 성기를 가지고 태어난 아이다. 세상은 이를 결함으로 여기며 고치려 하지만 폴리는 결국 폴리다. 구분하고 정의하고 분류하고 정리하는 세상에서 오류나 이해할 수 없는 것은 인정되지 않는다. 혐오와 차별 속에서도 폴리는 여러 경험을 통해 있는 그대로의 자기 모습을 받아들인다. "성별 박스에 체크하지 않겠다."는 용감한 선언처럼 폴리는 이 세계의 틈을 벌리며 불확실하고 자유로운 상태로 그 자체로 존재한다. 마침내 만난 자유로운 심판 에르베처럼, 판단하지 않는 것은 폴리에게 새로운 희망이다. 이 책은 자신의 정체성을 찾는 이야기이자 동시에 삶을 스스로 선택하는 주체성에 관한 이야기다.

#인터섹스 #성별 #불확실 #정체성

# 사회적 인정

Q20 인물에 관한 평가와 보상의 기준이 성별 차이 없이 적용되나요?

Q21 여성 인물의 사회적 기여를 현실적으로 보여 주나요?

## 하늘을 나는 루자인

리나 알하틀룰·우마 미슈라뉴베리 글, 리베카 그린 그림, 손성화 옮김 l 피카주니어
20240320 l 미국 어린이교양 l 48쪽, 245×287mm l 15,000원 l ISBN 9791192869162

사우디아라비아에서 여성의 운전할 권리를 위해 투쟁한 '루자인 알하틀룰'의 이야기를 바탕으로 한 책. 이야기 속에서 하늘을 나는 것은 단순한 은유가 아니라 억압과 편견으로부터의 해방, 자신의 정체성을 자유롭게 펼칠 권리, 그리고 사회적 변화를 이끌 용기에 대한 상징이다.
루자인은 그녀를 지지하고 연대하는 이들이 있었기에 날아오른 후에도 흔들리지 않을 수 있었다. 이는 불평등에 맞서기 위해선 개인의 용기뿐만 아니라 서로를 향한 연대가 필요하다는 것을 보여준다.

#편견  #차별  #자유  #용기

## 니키포르

마리아 스트셀레츠카 글·그림, 이지원 옮김 | 북극곰 | 20240701
폴란드 어린이교양 | 56쪽, 240×300mm | 19,000원 | ISBN 9791165883805

학생용 공책, 담뱃갑, 휴지에까지 그림을 그렸던 폴란드의 국민 화가 니키포르를 소개한다. 외롭고 가난하고 배우지도 못했으며 말을 제대로 하지 못하는 장애인이었던 화가는 매일 거리로 나가 그림을 그렸다. 사람들은 그를 걸인 취급하며 비웃었지만, 니키포르는 자기 그림의 가치를 스스로 알았다. "내 그림은 내가 죽은 후에도 영원히 남아 있을 겁니다. 다른 그림들과는 전혀 다른 나만의 그림입니다." 순수하고 당당한 예술가의 초상을 폴란드의 작가 스트셀레츠카가 재현한 그림책에는 니키포르의 아름다운 원화가 실려 있다. 꼼꼼한 고증과 탄탄한 작품 해석은 물론 원화의 분위기를 최대한 살리기 위해 맑고 투명한 일러스트를 조심스럽게 배치한 점 등 미술가 인물 그림책의 탁월한 걸작으로 손꼽을 만하다.

#사회적 인정  #삶과 예술  #화가  #장애

### 박자혜: 우리나라의 독립에 삶을 바친 간호사
유은실 글, 서영아 그림 | 비룡소 | 20240806 | 한국 어린이교양
76쪽, 152×214mm | 11,000원 | ISBN 9788949129501

박자혜는 일제강점기에 간호사로 활동했던 독립운동가이다. 가난했던 어머니의 바람대로 '굶지 않고 살 수 있는' 꿈을 이루었지만, 아무리 위급한 조선인 환자가 있어도 일본인을 먼저 치료해야 하는 현실이 부당하다고 느꼈던 박자혜는 결국 1919년 3.1 운동 당시 '간호사 만세 운동'의 주동자가 되었다. 이후 중국으로 도피한 박자혜는 신채호와 결혼했고 생이별로 조선에 돌아와서도 갖가지 방법으로 독립운동에 헌신했다. 작가는 여성 독립운동가가 짊어졌던 굴레와 후손들이 감내해야 했던 고통스런 삶까지 이야기하면서 우리에게 남은 과제를 일깨운다.

#한국현대사  #여성 인물  #독립운동가

## 독립운동가의 어머니, 조마리아

문영숙 글, 박지연 그림 | 현암주니어 | 20240420 | 한국 어린이교양
46쪽, 256×227mm | 14,000원 | ISBN 9788932376233

안중근의 어머니로 불려왔던 '독립운동가 조마리아'를 조명하는 인물 그림책. 이토 히로부미를 죽이고 사형을 선고받은 아들 안중근이 명예로운 죽음을 선택할 수 있도록 수의를 보내며 그 뜻을 지지한 강인한 어머니이자 독립운동가였던 조마리아의 삶을 살핀다. 순사가 휘두르는 밧줄을 막고, 치맛자락을 펄럭이며 말을 타는 등 역동적으로 표현한 그림을 통해 조마리아의 용감하고 담대한 기개와 결단력을 가늠할 수 있다. 이 모습은 모성과 희생만이 강조되는 '어머니' 캐릭터를 뒤집을 뿐만 아니라 오히려 이 역할이 그녀의 삶을 이루는 조건이 되었음을 깨닫게 한다. 누군가의 어머니가 아닌 '조마리아'라는 이름으로 당당하게 역사에 남아 있는 그녀를 우리는 기억해야만 한다.

#독립운동가  #어머니  #여성 인물

# 안전

**Q22** 어린이에게 자기 몸에 대한 권리를 알려 주나요?

**Q23** 어린이의 안전을 지키고, 위험에 노출된
　　　 어린이가 안정감을 되찾도록 도와주나요?

## 점옥이

오승민 글·그림 | 문학과지성사 | 20231206 | 한국 그림책
64쪽, 216×287mm | 18,000원 | ISBN 9788932042329

계란꽃 올린 흙밥을 소담스럽게 지어서 인형에게 한입, 강아지에게 한입 떠먹이는 아기가 있다. 그 사랑스러운 아기 언니와 가족들은 커다란 비행기의 폭격을 피해 달아나고, 남겨진 인형 점옥이는 오동나무 아래 누운 채로 하염없이 언니를 기다리며 참상을 목격한다. 작가의 조부모가 겪은 여순항쟁을 배경으로 하고 있지만, 평범한 이들의 삶을 파괴하며 특히 어린이에게 지극한 상처를 남기는 모든 전쟁과 폭력에 대입하여 보게 되는 아름답고 슬픈 그림책이다.

#여순항쟁  #국가 폭력  #소꿉놀이  #평화

## 우리 동네는 접경 지역

진수경 글·그림 | 호랑이꿈 | 20240510 | 한국 어린이교양
40쪽, 210×270mm | 16,800원 | ISBN 9791198424723

'접경 지역'은 민간인 통제선 이남 25킬로미터 이내의 지역으로 강화, 김포, 파주, 연천, 철원, 화천, 양구, 인제, 고성을 비롯하여 춘천, 고양, 양주, 동두천, 포천 등 여러 시와 군이 포함된 지역이다. 수도 서울과도 매우 가깝다. 이 그림책은 접경 지역의 생활상을 호기심 어린 어린이의 눈으로 보여준다. 도로에 탱크 행렬이 지나갈 때도 있고, 헬기가 날아다니기도 하고, 가끔은 포탄 터지는 소리에 땅이 울리는 마을. 거리와 동네 곳곳에서 군인들을 만나기도 하는 마을은 꽤 낯설지만, 한편으로 군사 분계선을 사이에 두고 남과 북이 나뉘어 살고 있는 대한민국이라는 나라를 선명하게 일깨운다. 비슷비슷한 도시 중심의 이야기들이 넘쳐나는 가운데 조금 다른 지역 사회의 모습을 따뜻하고 명랑한 목소리로 들려주는 독특한 작품이다.

#분단  #평화  #군인  #마을

## 세월 1994-2014

문은아 글, 박건웅 그림 | 노란상상 | 20240325 | 한국 그림책
80쪽, 208×284mm | 22,000원 | ISBN 9791193074305

하얀 배 한 척이 푸른 하늘 아래 아늑한 항구로 유유히 들어온다. 붉고 푸른 옷을 입은 사람이 바닷가 노란 밀밭을 달려간다. 이 둘이 만났다면 얼마나 좋았을까? 2014년 4월 16일, 여객선 세월호는 목적지인 제주에 도착하지 못하고 남해 맹골수도에서 침몰했다. 304명의 아까운 생명이 스러진 그날 전후의 이야기를 선박 세월호의 시선에서 묵묵하게 증언하는 목소리가 물살처럼 숨 가쁘다. 점점이 흩어지고 번져가는 노란 빛 가득한 화면의 아름다움이 안타깝고 먹먹하다. 2024년 세월호 참사 10주기에 맞춰 출간된 이 책은 우리 마음에 여전히 큰 상처로 남아 있는 세월호 참사의 진실을 불러내어 기억하라고 잊지 말라고 힘주어 말하고 있다.

#안전  #세월호  #참사  #기억  #진실

## 왜왜왜 동아리

진형민 글, 이윤희 그림 | 창비 | 20241018 | 한국 동화
200쪽, 152×223mm | 13,800원 | ISBN 9788936443399

궁금한 건 뭐든지 파헤치는 '왜왜왜 동아리'의 아이들은 동네에서 일어나는 사건을 조사하다 기후 위기 문제가 자신들의 삶과 밀접하게 연관되어 있다는 사실을 알게 된다. 어른들이 시의 이익을 위해 개발을 선택하면 누군가는 삶과 터전을 잃고 기후 위기는 더 심해진다는 사실도. "지금부터 어린이들이 하는 얘기를 잘 들으세요!" 자신들의 미래와 마을을 지키기 위해 어린이들은 본격적으로 기후 위기 행동에 나선다. 세상을 걱정하며 바꾸기 위해 노력하는 어린이들의 용감한 목소리로 가득 찬 소중한 작품이다. 내 삶의 주인공은 나라는 사실을 깨닫고 '앞으로도 점점 더 힘이 세지는' 주체적인 어린이, 청소년들의 이야기는 더 많이 필요하다. 씩씩하고 솔직한 주인공들이 매력적인 진형민표 성장 동화.

#기후 위기  #동아리  #주체적 목소리  #행동하는 어린이

### 1995, 무너지다

이혜령 글, 양양 그림 | 별숲 | 20240405 | 한국 동화
168쪽, 152×220mm | 13,000원 | ISBN 9791192370620

1995년 6월, 삼풍백화점이 한순간에 무너진 사건을 다룬 책. 갑작스럽게 평범한 일상을 잃은 이들이 평생 지니고 살게 될 기억을 공유한다. 한국 경제가 급속도로 성장하며 생긴 물질만능주의로 인해 희생된 이들을 추모하는 마음이 담겨 있다. 안타깝게도 대한민국에서는 여전히 개인의 문제가 아닌, 사회적 문제로 일어나는 각종 사건과 사고가 연달아 일어나고 있음을 깨닫게 된다. 삼풍백화점에서 형을 잃은 '도하'는 형을 잊기를 거부하고, "형을 기억하게 하는 모든 것을 하기로" 한다. 과거를 답습하지 않기 위해 지금 우리가 해야 할 일이기도 하다.

#재난 #사고 #죽음 #기억

## 커튼 뒤에서

사라 델 주디체 글·그림, 박재연 옮김 | 바람북스 | 20240410
프랑스 그래픽노블 | 140쪽, 225×296mm | 27,800원 | ISBN 9791193801000

나치 독일의 괴뢰 정권 '비시 프랑스'가 프랑스 남부 지역을 통치하던 시기를 어린 소녀의 눈으로 묘사한다. 유태인 엄마와 비유태인 아빠 사이에서 태어난 야엘은 알고 싶은 것이 많다. 엄마의 가족은 왜 아빠를 구분 짓고 조롱하는지, 아빠의 부모님은 왜 자신을 만나주지 않는지, 여성의 사회적 권리에 대해 열띤 토론을 하던 엄마는 왜 일찍 죽었는지, 평화는 언제쯤 찾아올지. 야엘은 혼자 질문하고 답을 생각한다. 커튼 뒤에서 숨죽여 세상을 바라보고 죽음을 생각하며 떨고 있는 아이. 커튼 뒤의 비극은 이제 장소와 시간만 바뀌었을 뿐 또 다른 수많은 어린이에게 일어나고 있다.

#제2차 세계대전  #전쟁  #학살  #삶과 죽음

## 먼지 행성

김소희 글·그림 | 아름드리미디어 | 20240320 | 한국 그래픽노블
160쪽, 177×244mm | 16,000원 | ISBN 9788955827491

태양계의 쓰레기장으로 불리는 '먼지 행성'에는 쓰레기와 함께 버려진 사람들과 고양이 로봇이 산다. 버려진 기록봇에서 마주한 진실은 충격적이다. 물건도 사람도 쉽게 버려지는 시대에 이들은 또 다른 선택을 한다. 가장 어려운 순간에도 사랑을 믿고 연대하며 희망을 포기하지 않는다. 혈연관계로 얽혀 있진 않지만 한 가족이기 때문이다. 근미래를 상상케 하지만 '먼지 행성'은 가까운 현실을 떠올리게 한다. 부유한 나라의 쓰레기들이 빈곤한 국가로 내버려져 쓰레기 산이 만들어지고, 어떤 시스템으로부터도 보호받지 못하는 수많은 난민, 이주민, 노동자들이 존재한다. 머지않아 '먼지 행성'은 우리의 이야기가 될지도 모른다. 더 나은 미래를 생각하게 만드는 SF 그래픽노블.

#쓰레기별 #근미래 #SF #가족 #연대

# 연대

Q24 사회적 소수자가 서로 연대하고
　　 협력하는 모습이 드러나요?

Q25 등장인물이 성별에 관계 없이 서로 존중하고 배려하나요?

Q26 등장인물이 사회적 소수자에 관한 편견에 함께 저항하나요?

### 오늘의 할 일

김동수 글·그림 | 창비 | 20240823 | 한국 그림책
68쪽, 235×235mm | 16,000원 | ISBN 9788936429331

김동수는 인간이 일으킨 문제들을 비인간의 시야에서 재조명한다. 이 문제를 돌파하는 것은 다른 생명과 연대하는 어린이다. 물귀신의 초대를 받아 더러워진 강물 속으로 모험을 다녀오는 이 그림책 안에는 판소리 수궁가와 장화홍련전의 모티프가 살아 있다. 강물을 헤치고 나타나 어린이를 모셔가는 물귀신은 독자를 깜짝 놀라게 하지만 알고 보면 긴 머리카락으로 오염된 강물을 부지런히 정화해주는 숨은 공로자. 물귀신들의 초대를 받은 어린이들은 바쁜 엄마 물귀신들을 대신해서 아기 물귀신을 재우고 먹이며 돌봄의 모험을 완수한다. 거친 손이 가득한 세상에서 이 책이 그려내는 어린이의 손은 건져내고, 지키고, 보살피는 손이다.

#환경  #생태  #용기  #책임

### 오늘 더 다정해져요

이혜인 글·그림 | 책읽는곰 | 20241104 | 한국 그림책
40쪽, 200×240mm | 15,000원 | ISBN 9791158364977

다정하다는 건 뭘까? 코로나19 팬데믹을 겪은 어린이들은 주변과 거리를 두는 것이 자연스럽고 편하다. 조금이라도 손해를 보면 어리석다 여기는 사회 풍토가 더해져 타인과 정을 주고받기도 어렵다. 이 책은 어린이들에게 무엇이 다정한 것인지 구체적인 상황과 행동으로 보여준다. 가진 걸 나누고, 혼자 있는 사람에게 다가가고, 먼저 이름을 물어보는 것 등 어렵지 않다. 용기를 조금만 내면 어제보다 조금 더 나은 내가 될 수 있다는 것을 알려 준다. 그림책 곳곳에서 고정적인 성역할을 벗어나 다양한 나이와 인종의 사람들이 어울리는 모습이 포근하게 묘사된다.

#성장  #감정  #표현  #연대

### 평창빌라 반달이 관찰기

김윤이 글·그림 | 청어람미디어 | 20240503 | 한국 그림책
40쪽, 254×210mm | 15,000원 | ISBN 9791158712488

얼굴에 반달 모양이 있어 '반달이'라 불리는 고양이를 강아지 알콩이의 시선에서 관찰하는 그림책. 작가는 실제로 마주했던 장면을 씨앗 삼아, 작고 연약한 주변의 이웃들을 살피는 마음과 풍경이 많아지길 바라며 이 이야기를 만들었다. 빌라 사람들이 점점 반달이의 존재를 받아들이면서, 안에 사는 강아지와 밖에 있는 고양이가 구분 없이 똑같은 생명으로 존중받을 때 반달이의 털빛은 초록에서 노랑으로 바뀐다. 보이지 않는 경계선, 서로를 가르는 담장을 허무는 포근하고 다정한 장면이다. 어여쁜 초록빛이 우리 삶에 자꾸만 물드는 이야기다. 자세히 보면 보인다. 이전에는 무관심하게 지나쳤을 주차장, 풀숲, 에어컨 실외기 뒤를 자꾸 쳐다보게 되는 것처럼.

#동네 고양이  #이웃  #환대  #시선

### 판판판 포피포피 판판판

제레미 모로 글·그림, 이나무 옮김 | 웅진주니어 | 20240617 | 프랑스 그림책
56쪽, 210×285mm | 15,000원 | ISBN 9788901281803

작은 아이 워렌은 인간이 만든 생태적 재앙을 감지하는 21세기의 노아다. 위기를 앞두고 모여든 동물들과 힘을 모아 최소한의 피난처를 만든다. 누구도 주목하지 않았던 아주 작은 존재들이 힘을 합쳐 회복 불가능할 것이라고 포기했던 자연의 노래를 되살리는 이야기. 이 책에서 아무리 애를 써도 피리 소리를 낼 수 없었던 자연의 신 '판'의 모습은 파괴된 현실을 상징한다. 영롱한 자연의 기억과 합창의 기쁨은 형광색의 이미지들로 밝고 건강하게 표현되고, 무너진 관계는 포용과 환대의 잔치를 통해 복원된다. 의미가 망가져버린 인간의 언어로 뒤덮인 세계에서 발굴해 낸 포피포피, 플로플리 같은 자연의 소리가 우리를 평화로울 미래로 미리 데려다 준다. 작가의 또 다른 작품 『표범이 말했다』와 함께 읽기를 권한다.

#생태  #자연  #기후 위기  #공존

사계절 민주 인권 그림책

### 타오 씨 이야기
장재은 글·그림 | 사계절 | 한국 그림책
20240530 | 68쪽, 205×280mm
16,800원 | ISBN 9791169812030

### 바나나가 더 일찍 오려면
정진호 글·그림 | 사계절 | 한국 그림책
20240530 | 44쪽, 198×257mm
15,000원 | ISBN 9791169812016

### 당신을 측정해 드립니다
권정민 글·그림 | 사계절 | 한국 그림책
20240530 | 76쪽, 200×200mm
16,800원 | ISBN 9791169812023

### 휘슬이 두 번 울릴 때까지
이명애 글·그림 | 사계절 | 한국 그림책
20240801 | 72쪽, 190×300mm
17,500원 | ISBN 9791169812146

독재의 시대 인권 유린의 현장이었던 서울 남영동 대공분실을 민주화 운동기념관으로 만들면서 기획한 민주인권 그림책 시리즈. 권윤덕 작가가 총감독을 맡아 국내외 열세 명의 작가와 함께 인권에 관한 세미나를 진행하였고 여덟 권의 그림책을 만들었다. 차별과 불평등, 혐오, 이주노동, 성역할, 동물권, 일상 속 폭력까지 지금 우리가 생각해야 할 중요한 문제를 다루고 있다. 『당신을 측정해드립니다』는 서열 경쟁 사회 안에서 측정과 평가의 주체가 누구인가 되돌아보고 구조적 모순을 직시하는 다자 주인공 서사이다. 『타오 씨 이야기』는 베트남에서 온 이주 여성 노동자 타오 씨의 삶을 다룬 논픽션 그림책이다. 장재은 작가는 타오 씨가 일하는 대구 성서공단의 자동차 부품 공장과 일대의 노동자들을 밀착 취재하고, 공장 안팎 노동자들의 일상, 미등록 외국인에 대한 단속, 아찔한

### 두 점 이야기

요안나 올레흐 글, 에드가르 봉크 그림,
이지원 옮김 | 사계절 | 한국 그림책
20240807 | 60쪽, 200×200mm
21,000원 | ISBN 9791169812122

### 호두와 사람

조원희 글·그림 | 사계절 | 한국 그림책
20241029 | 80쪽, 150×200mm
15,000원 | ISBN 9791169813389

### 건축물의 기억

최경식·오소리·홍지혜 글·그림
사계절 | 한국 그림책
20241025 | 52쪽, 163×280mm
16,800원 | ISBN 9791169813365

### 멋진 민주 단어

서현·소복이·한성민 글·그림
사계절 | 한국 그림책
20241029 | 80쪽, 200×245mm
17,500원 | ISBN 9791169813396

산재의 위험까지 정직하게 담아냈다. 『바나나가 더 일찍 오려면』은 어마어마한 탄소발자국을 남기며 이동하는 바나나를 소재로 택배 노동자에게 더 빠른 배송을 압박하는 노동의 가속화를 다룬다. 그 밖에 초경쟁 사회에서 개인의 갈등을 다룬 『휘슬이 두 번 울릴 때까지』, 개의 시선으로 사람을 관찰한 『호두와 사람』, 고문실로 사용된 건물을 재현해 고통의 기억조차 되살려 낸 『건축물의 기억』, 생활 속 익숙한 단어들을 민주주의의 눈으로 재조명한 『멋진 민주 단어』, 성차별적인 현실을 독특한 물성으로 구현해 낸 『두 점 이야기』 등이 있다. 제65회 한국출판문화상 편집 부문 대상을 수상했다.

#민주주의  #불평등  #경쟁  #자본주의  #폭력

## 들어와

민병권 글·그림 | 길벗어린이 | 20240930 | 한국 그림책
44쪽, 181×305mm | 14,000원 | ISBN 9788955827736

늑대가 제안하는 놀이의 규칙은 간단하다. '뛰고 뒤돌고 눈 감아. 땅 짚고 박수 짝짝 그리고 만세!' 줄에 걸리거나 여섯 가지 동작 중 하나라도 틀리면 죽는다. 단, 마지막까지 누구라도 살면 다 같이 사는 것. 늑대의 속내를 모른 채 놀이에 동참한 동물들은 각자의 신체적 한계로 인해 동작을 틀리고 늑대에게 잡아먹힌다. 이를 지켜보던 새는 규칙의 맹점을 눈치채고 외친다. "마지막까지 누구라도 살면 모두가 사는 거야!" 살고 죽는다는 게임의 규칙, '들어와'라는 제목까지 이중적 의미를 영리하게 활용하면서 유머러스하게 풀어냈다. 예측 가능한 반복 구조임에도 긴장감을 자아낼 뿐 아니라 장면 곳곳에 놓인 추리적 요소들은 호기심을 자극한다. 불공정의 틈을 발견하고도 '들어'오라는 늑대의 손짓에 과연 넘어가지 않을 수 있을까?

#놀이  #규칙  #긴장감  #불공정

## 모두의 어깨

이지미 글·그림 | 모든요일그림책 | 20240130 | 한국 그림책
44쪽, 182×250mm | 15,000원 | ISBN 9788925575483

몸의 신체 부위 중 '어깨'에 초점을 맞춰 일상을 보내는 다양한 사람들의 모습을 보여준다. 주인공 어린이를 중심으로 아침 등굣길, 학교 앞 골목, 교실, 운동장을 지나 불꽃놀이가 펼쳐지는 공원 등 어디서든 만날 수 있는 어깨의 모습을 통해 우리 사회 안에서 이뤄지는 연대의 풍경을 만날 수 있다. 이지미 작가는 어깨 위에 각자의 삶이 놓여 있고, 서로가 서로에게 맞대고 기댈 수 있는 어깨야말로 하나의 연결고리가 될 수 있다고 생각했다. 타인과의 연결고리가 점점 희미해지는 시대에 어깨를 통해 공동체의 의미를 다시 생각해볼 수 있는 그림책.

#어깨  #기대다  #연결고리  #공동체  #일상

## 내가 부엉이를 잘 그리는 이유

힐러리 호더 히플리 글, 맷 제임스 그림, 황유진 옮김 | 원더박스 | 20241122
미국 그림책 | 32쪽, 235×285mm | 15,000원 | ISBN 9791192953380

벨은 학교에서 부엉이를 잘 그렸다고 칭찬받지만 그 이유를 말하고 싶지는 않다. 다른 아이들과는 달리 엄마와 함께 자동차에서 생활하고 있기 때문이다. 해가 지면 보이지 않는 공원 어딘가에 머물며 진짜 부엉이와 만났던 경험이 부엉이 그림을 잘 그리게 된 이유다. '하우스리스'(집 없는 사람들)를 어린이의 시각으로 바라보며 절망 앞에 멈춰 서는 게 아니라 희망과 연대의 손길을 내밀게 되는 이야기다. 새로 전학 온 친구가 낯설고 서먹한 감정을 느낄 것을 아는 벨은 자기가 할 수 있는 일을 떠올린다. 바로 자신을 지켜주던 부엉이 울음소리처럼 먼저 말을 걸고 곁에서 의지가 되어주는 것. 막막하고 드넓은 어둠 속에서도 나를 지켜봐 주는 눈길, 공감이 가진 힘을 느껴볼 수 있다.

#하우스리스  #빈곤  #안전  #공감

## 많은 사람들이 바다로 가

김개미 글, 이수연 그림 | 문학동네 | 20241011 | 한국 그림책
64쪽, 210×297mm | 20,000원 | ISBN 9791141607753

전쟁과 재난, 폭력과 분쟁으로 살던 곳을 떠날 수밖에 없는 난민 이야기. 이수연 작가는 그들을 날개를 가둔 채 걷는 새로 표현했다. 국적도 인종도 알 수 없는 얼굴을 보며 독자는 우리 역시 난민이 될 가능성에서 완전히 자유롭지 않다는 걸 깨달을 것이다. 살 곳을 잃은 뒤에도 사람들은 노래하고, 놀고, 기도한다. 흙이 없는 곳에서도 꽃이 피어나듯 어떻게든 삶은 계속됨을 보여준다. 땅을 뺏긴 새들이 무사히 목적지에 닿을 수 있기를.

#난민  #전쟁  #폭력  #연대

### 햄스터 실종 사건

앙드레 마루아 글, 오드리 말로 그림, 이슬아 옮김 | 뜨인돌어린이 | 20241004
캐나다 그림책 | 144쪽, 172×216mm | 14,000원 | ISBN 9788958070245

어느 날, 교실에서 함께 돌보던 햄스터 모카가 사라진다. 모카를 찾기 위해 고군분투하던 아이들 앞에 똑같은 햄스터가 나타났지만 모카가 아닌 것으로 밝혀지면서 사건은 점점 미궁으로 빠진다. 아이들이 마주한 진실은 안타깝게도 모카의 죽음이었다. 햄스터 실종 사건의 전말을 알게 된 아이들은 마지막으로 모카의 장례를 치러 준다. 죽음에 대한 구체적인 과정, 어린이 스스로 상실에 대처하며 온전히 슬픔을 받아들이고 애도하는 과정이 자세히 그려진 점이 좋다. 그림책과 그래픽노블 사이에 놓인 독특한 형식과 추리 서사로 흥미롭게 접근할 수 있으며, 다소 무겁고 어려운 주제지만 죽음에 관해 어린이와 함께 이야기 나눌 수 있는 연결고리가 되어주는 작품이다.

#반려동물  #죽음  #상실  #애도

## 별별 동네

이묘신 글, 전금자 그림 | 천개의바람 | 20241129 | 한국 동시집
108쪽, 170×220mm | 13,000원 | ISBN 9791165735838

새로운 동네로 이사 온 정우는 나만 홀로 떨어진 것 같다. 아는 사람도 없고, 집도, 골목도, 가게도 모든 게 낯설고 어색한 기분. 이전에 살던 곳보다도 별로인 것만 잔뜩 있는 별별 동네 같다. 이웃들의 관심으로 점점 동네를 알아가면서 정우의 마음이 조금씩 열리기 시작한다. "한 사람을 알았을 뿐인데 동네 사람 모두를 알게 생겼다"라는 말처럼 할머니, 친구, 길고양이, 분식집 등 알면 알수록 정우에게 이 동네는 점점 특별해진다. 시를 품은 이야기이자 이야기가 있는 바람동시책 시리즈의 6번째 책으로, 주인공의 감정에 공감하며 읽다 보면 독자도 함께 동네를 탐험하는 것 같은 기분이 든다. 그동안 무심하게 지나쳤던 나의 동네에 대해서도 궁금해지게 될 것이다.

#동네 #이사 #관심 #적응

## 산내리 국제 학교
### 1. 무궁화꽃이 피었습니다, 2. 아마, 아마, 나마스테

이정아 글, 김규택 그림 | 가나출판사 | 20240913 | 한국 동화
116·92쪽, 165×210mm | 13,000·12,000원 | ISBN 9791168091344 ISBN 9791168091351

지난해에는 입학생이 한 명이었는데 올해는 여섯 명이라며 좋아하는 학교가 있다. 산내리에 있는 초등학교다. 책의 제목처럼 선생님도, 학부모도, 어린이도 다양한 나라와 지역에서 왔다. 살아 온 방식과 언어가 다르다 보니 소통에 오해가 만연하지만, 그래도 어린이들은 갈라서지 않는다. 맛있는 걸 나누어 먹고, 서로의 말을 배우고, 같이 놀며 '무궁화꽃을 피'운다. 대한민국에도 다양한 국가의 이들이 모여 사는 요즘, 언제까지 '다문화 동화'라는 분류가 필요할까 고심하게 된다. 이 책도 그저 '산내 초등학교'에서 벌어지는 아이들의 좌충우돌 성장기로 읽으면 좋겠다.

#이주민  #농촌  #어울림  #연대

## 내가 그릴 웹툰

신지영 글, 나오미양 그림 | 낮은산 | 20231130 | 한국 동화
136쪽, 153×211mm | 13,000원 | ISBN 9791155251706

어린이들도 삶과 죽음의 경계에서 어려움을 겪으며 성장한다. 이 동화집에는 가까운 가족과 사별한 아이, 학대와 죽음 같은 끔찍한 고통을 겪는 아이, 결혼 이주민 엄마와 할머니 사이의 갈등으로 힘든 아이 등 여러 위기에 처한 아이들의 이야기 일곱 편이 실렸다. 희망과는 거리가 먼 이야기들이지만, 담담하게 풀어낸 글을 하나하나 읽다 보면 작은 희망의 싹을 발견하게 된다. 각자의 상처를 극복하고 위기를 헤쳐 나가며 오늘을 꿋꿋이 살아가는 아이들을 가만가만 위로하고 싶어진다.

#아동 인권  #아동 학대  #죽음  #상처

### 즐거운 소음

폴 플라이시먼 글, 에릭 베도스 그림, 정지인 옮김 | 다산어린이 | 20240528
미국 동시집 | 60쪽, 150×225mm | 17,000원 | ISBN 9791130652955

'두 사람을 위한 시'라는 부제가 붙은 이 시집은 우리가 지금까지 전혀 상상하지 못한 낭송의 형식을 빌어 새로운 시를 만들었다. 두 사람이 낭송을 해야만 비로소 완성되는 시다. 시집의 화자는 곤충. 작고 작은 곤충들의 목소리가 두 사람이 낭송하는 가운데 번져나간다. 그래서 '즐거운 소음'이다. 작은 곤충들의 목소리를 낭송하는 독자는 작은 존재가 되어 곁에 있는 작은 존재들과 속삭인다. 두 사람이 함께 문자를 소리로 만들어갈 때 비로소 느낄 수 있는 신비. 이 새로운 시 세계를 만든 건 시인이지만 완성하는 건 작품을 소리내어 읽는 모든 독자다.

#생명  #읽기 수업  #1989 뉴베리 상

## 눈과 보이지 않는

데이브 에거스 글, 숀 해리스 그림, 송섬별 옮김 I 위즈덤하우스 I 20240814
미국 동화 I 296쪽, 165×203mm I 19,000원 I ISBN 9791171712359

"이야기에 등장하는 장소는 실제 장소가 아닙니다. 동물 또한 실제 동물이 아닙니다. 무엇보다도 동물이 인간을 상징하지 않습니다."라는 책머리의 문장이 인상적이다. 작가는 인간 중심으로 쓰인 의인 동화의 틀을 깨고, 개와 새와 염소와 들소의 시선을 복원했다. 주인공인 개 요하네스는 어머니가 자신을 낳고 인간의 집으로 돌아간 뒤 야생의 힘만으로 살았다. 우리에 갇혀 사는 늙은 들소에 의해서 그들의 '눈'으로 임명된 요하네스는 들소들에게 자유를 가져다주기 위해 필사적으로 노력한다. 그 과정에서 자신 또한 한계에 갇혀 있었음을 깨닫고 선택의 기로에 선다. 세계는 우리가 인식하는 것보다 크고 위험하고 폐쇄적이지만 울타리를 뛰어넘었을 때 진정한 실존의 길이 열린다. 결정적인 장면마다 등장하는 숀 해리스의 그림이 예술적 깊이를 더하는 이 책의 36장은 결단의 고뇌를 보여주는 명장면이다.

#주체적 삶  #자유  #2024 뉴베리 상  #동물의 생각

## 우주를 껴안는 기분

최상희 글 | 돌베개 | 20240827 | 한국 청소년소설
212쪽, 140×210mm | 14,000원 | ISBN 9791192836836

미래의 외계 행성 '헤카테'를 중심으로 기후 위기로 고향을 떠나는 우주난민, 언어가 다른 행성에서 돌봄 노동자로 일하는 이주민, 새로운 행성으로 이주하는 멸종 위기 동물 등 SF적 상상력을 바탕으로 현실을 돌아보게 만드는 다양한 목소리가 담겨 있다. 이 작품집에서 작가는 이야기가 가진 힘을 더 강력하게 믿고 타자와의 삶으로 연결하는 문학적 공감대를 마련했다. 언어도 모습도 다른 낯선 이들과 나누는 우정과 연대는 이 세계에 만연한 차별과 혐오를 넘어서는 보드랍고 다정한 기분을 느끼게 만든다. 날카로운 사유 속에서도 특유의 서정적인 문장들이 마음에 오래 머문다. 미래 혹은 지금의 지구일지도 모르는 헤카테를 상상하며 우리 앞의 우주를 힘껏 껴안아 보자.

#미래  #SF적 상상력  #기후 위기  #우정과 연대

## 너의 오른발은 어디로 가니

강석희·김다노·백온유·위해준·전앤·최영희·황보나 글 | 돌베개 | 20241213
한국 청소년소설 | 236쪽, 140×210mm | 14,000원 | ISBN 9791192836973

돌봄을 주제로 한 단편소설집. 최근 아동청소년문학에서 뚜렷한 개성을 보여주는 작가 7인의 청소년 소설을 묶었다. 휠체어 타는 이모가 공중화장실 변기에 앉도록 돕는 일(「녹색광선」)과 치매 환자인 할머니가 더럽힌 변기를 함께 쓰는 일(「가방처럼」)에서는 돌봄 노동의 고단함을 알 수 있다. 엄마의 돌봄 노동을 인정하며 내 공간을 엄마의 공간으로 마련해주고(「귀여워지기로 했다」), 친구의 질환을 까다로움으로 치부하지 않으며 고통에 동참하는(「샤인 머스캣의 시절」) 청소년도 등장한다. 청소년 독자에게 돌봄 노동은 자신과 상관없는 먼일처럼 보일지 모르겠지만 이 책은 누구에게나 서로 돌보는 일이 필요하다고 말한다.

#돌봄 노동  #청소년 소설  #연대  #상호 돌봄

## 마지막 지도 제작자: 세상의 끝을 찾아서

크리스티나 순톤밧 글, 천미나 옮김 | 책읽는곰 | 20240614 | 미국 청소년소설
376쪽, 152×210mm | 17,000원 | ISBN 9791158364670

『어둠을 걷는 아이들』로 2021 뉴베리 아너상을 받은 작가는 이 책으로 다시 2023년 뉴베리 아너상을 수상했다. 계급과 빈부 격차가 명확한 사회에서 영예를 위해 항해를 떠나는 주인공이 그보다 높은 가치를 발견해 가는 과정이 광활한 바다처럼 펼쳐진다. 자신의 욕망을 뚜렷이 알고 그로 인해 고민하고 괴로워하는 여성 캐릭터들이 반갑다. 인생이라는 길에서 어떤 지도를 그려 나가고 싶은지 스스로에게 질문을 던지게 한다. 보물찾기처럼 작가의 고향인 태국의 문화를 발견하는 즐거움은 덤.

#모험 #대항해 #욕망 #과거와 미래

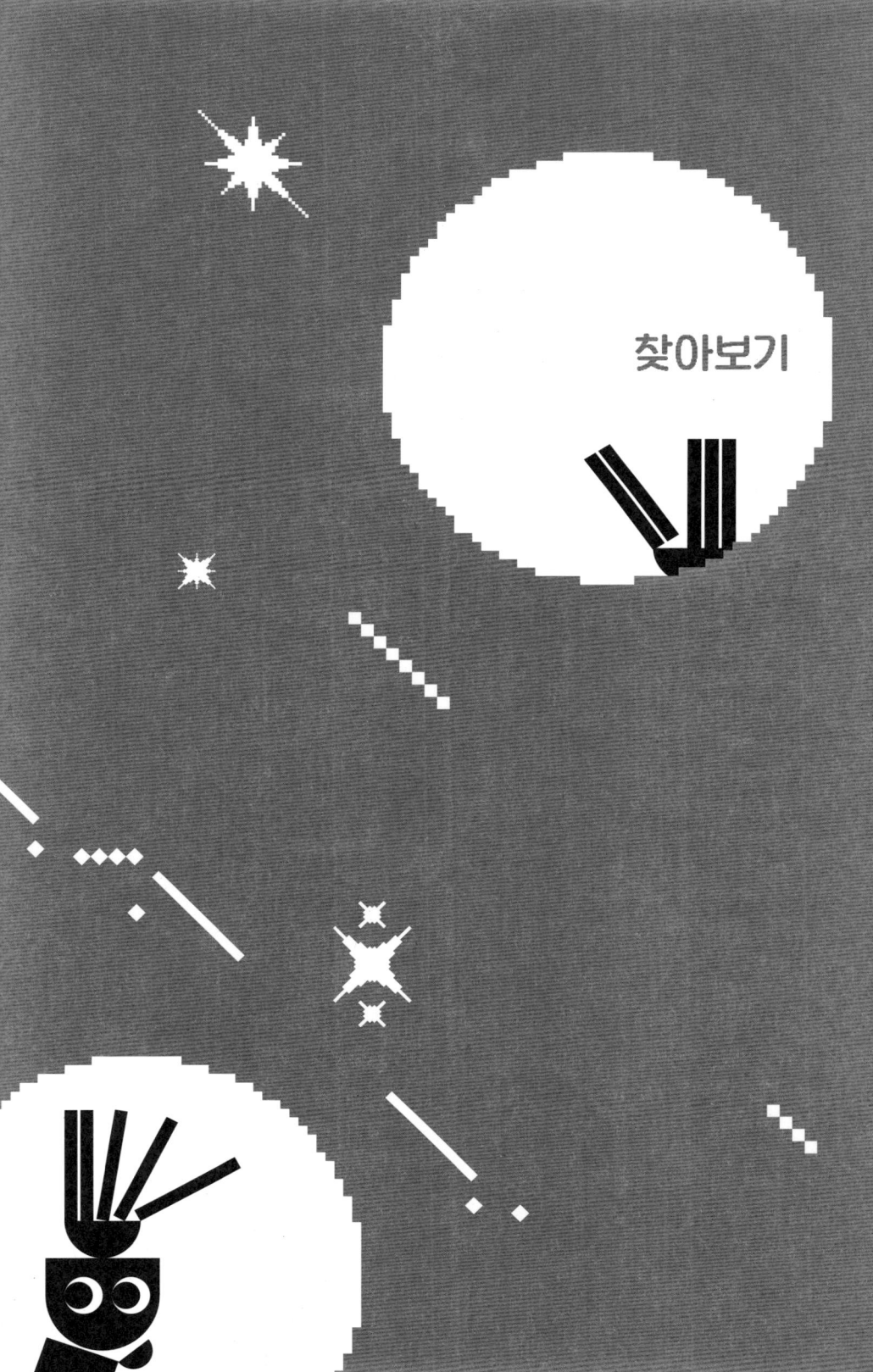

## 찾아보기

『오늘의 어린이책』 1~4권에 실린 전체 도서 목록입니다.

### ㄱ

| | |
|---|---|
| 갈림길 | 3-101 |
| 감추고 싶은 폴더 | 2-120 |
| 개를 원합니다: 어떤 개든 상관없음 | 2-67 |
| 거미 엄마, 마망 (루이스 부르주아) | 1-197 |
| 거울을 든 아이 | 2-38 |
| 건축물의 기억 | 4-173 |
| 걷는 사이 | 2-124 |
| 걸스 토크 | 1-77 |
| 결혼식에 간 홀리안 | 3-120 |
| 경제를 알면 세상이 보여! | 1-230 |
| 고만녜 | 1-46 |
| 고스트 | 1-120 |
| 고양이 손을 빌려 드립니다 | 1-115 |
| 고양이 조문객 | 1-232 |
| 곰의 부탁 | 1-133 |
| 곱슬도치 아저씨의 달콤한 친절 | 3-143 |
| 과학자가 되는 시간 | 2-63 |
| 과학에 빠진 아이 | 4-82 |
| 구체적인 어린이: 어린이책을 읽으며 다정한 어른이 되는 법 | 4-92 |
| 9킬로미터 나의 학교 가는 길 | 2-74 |
| 국경 | 2-130 |
| 귀를 기울이면 | 3-71 |
| 귓속말 게임 | 3-147 |
| 그건 네 잘못이 아니야! | 3-149 |
| 그날, 고양이가 내게로 왔다 | 1-233 |
| 그냥, 사람 | 1-135 |
| 그냥 씨의 동물 직업 상담소 | 3-155 |
| 그래서 우리는 사랑을 하지 | 1-175 |
| 그레이스는 놀라워 | 1-130 |
| 그리고 미희답게 잘 살았습니다 | 3-75 |
| 그림책 읽는 나는, 특수교사입니다 | 4-139 |
| 기린에게 다가가세요 | 3-139 |
| 기막힌 항해 | 3-72 |
| 기억나요? | 4-112 |
| 길 위의 모터사이클 (안느 프랑스 도스빌) | 3-136 |
| 까먹어도 될까요 | 2-131 |
| 깡깡깡 | 4-105 |
| 깨어 있는 숲속의 공주 | 3-74 |
| 깨지기 쉬운 것들의 과학 | 1-121 |
| 꼬마 영화감독 샬롯 | 1-99 |
| 꽃할머니 | 1-198 |
| 꿈을 나르는 책 아주머니 | 1-102 |
| 꿈꾸는 역도 소녀: 친절한 지혜 씨 | 4-126 |

### ㄴ

| | |
|---|---|
| 나는 강물처럼 말해요 | 2-75 |
| 나는 나비야! | 3-112 |
| 나는 나야, 나! | 3-113 |
| 나는 무늬 | 1-230 |
| 나는 반대합니다 (루스 베이더 긴즈버그) | 1-198 |
| 나는 보라 | 2-46 |
| 나는 사자 | 3-99 |
| 나는 수학자가 될 거야 | 2-60 |
| 나는 엄마가 둘이래요! | 1-117 |
| 나는 여성이고 독립운동가입니다 | 1-200 |

| | | | |
|---|---|---|---|
| 나는 요정이 아니에요 | 4-127 | 내 조각 이어 붙이기 | 1-132 |
| 나는 천재가 아니야 | 1-120 | 내 친구 지구 | 1-231 |
| 나는, 비둘기 | 2-126 | 내가 안아 줘도 될까? | 3-82 |
| 나도 가족일까? | 1-117 | 내가 여기에 있어 | 1-227 |
| 나도 권리가 있어! | 1-133 | 내가 예쁘다고? | 2-90 |
| 나도 편식할 거야 | 1-46 | 내 머릿속 번개가 번쩍! | 3-133 |
| 나는 크고 아름다워요 | 4-95 | (세실리아 페인) | |
| 나를 나로 만드는 건 무엇일까? | 2-55 | 내 아이를 지키는 성인지 감수성 수업 | 3-89 |
| 나를 나답게! 자기방어 수업 | 4-100 | 내일을 위한 내 일 | 1-201 |
| 나, 블루칼라 여자 | 4-107 | 내일의 피크닉 | 4-133 |
| 나이가 들면 어때요? | 4-94 | 너를 위한 증언 | 2-122 |
| 나에겐 권리가 있어요 | 3-145 | 너에게 넘어가 | 4-86 |
| 나의 고래를 위한 노래 | 3-108 | 너와 나 | 1-232 |
| 나의 과학자들 | 1-196 | 너와 나의 빨강 | 2-52 |
| 나의 독산동 | 1-129 | 너와 나의 퍼즐 | 4-136 |
| 나의 말할 소행성 | 4-130 | 너의 눈 속에 | 1-216 |
| 나의 목소리가 들려 | 1-132 | 너의 목소리를 보여 줘 | 3-110 |
| 나는 왜 이렇게 생겼지?: | 4-98 | 너의 몸은 너의 것이야 | 3-90 |
| 고민하는 10대를 위한 내 몸 긍정 키워드 | | 너의 오른발은 어디로 가니 | 4-185 |
| 나의 우주를 보여 줄게 | 3-106 | 너의 힘을 믿어 봐 | 3-78 |
| 나의 젠더 정체성은 무엇일까? | 1-178 | 넌 누구니? | 3-100 |
| 나의 첫 젠더 수업 | 1-179 | 네가 오는 날 | 3-97 |
| 나의 친구 아그네스 할머니 | 1-129 | 노란 길을 지켜 줘 | 4-121 |
| 나 진짜 궁금해! | 2-89 | 노를 든 신부 | 1-146 |
| 나, 화가가 되고 싶어!(윤석남) | 1-197 | 놀라지 마세요, 도마뱀이에요 | 1-193 |
| 난 곤충이 좋아(소피아 스펜서) | 1-99 | (조앤 프록터) | |
| 난민 소녀 주주 | 2-100 | 뇌전증 일기 | 4-138 |
| 남자 사전 | | 누가 진짜 엄마야? | 1-117 |
| 내가 그릴 웹툰 | 4-181 | 눈과 보이지 않는 | 4-183 |
| 내가 부엉이를 잘 그리는 이유 | 4-176 | 눈만 뜨면 눈 걱정(패트리샤 배스) | 1-195 |
| 내가 있어요 | 4-79 | 느티나무 수호대 | 3-159 |
| 내 말은, 넌 그냥 여자야 | 1-174 | 니나(니나 시몬) | 3-137 |
| 내 몸은 나의 것 | 1-215 | 니키포르 | 4-156 |
| 내 인생 첫 캠프 | 1-132 | | |

## ㄷ

| | |
|---|---|
| 다 같이 함께하면 | 1-231 |
| 다락방 외계인 | 2-83 |
| 다른 애들이랑 똑같이 할 수가 없어 | 2-76 |
| 다시 그래도 괜찮아 | 2-88 |
| 달걀이 탁! | 4-117 |
| 달달달 달려요 | 4-106 |
| 당신을 측정해 드립니다 | 4-172 |
| 당근 유치원 | 1-143 |
| 당신은 빛나고 있어요 | 1-143 |
| 당신은 셀 수 없이 소중해요 | 1-228 |
| 당신은 전쟁을 몰라요 | 3-150 |
| 당신의 성별은 무엇입니까? | 3-128 |
| 댕기머리 탐정 김영서 | 1-50 |
| 더 이상의 '안 돼'는 거절하겠어! (주디스 휴먼) | 3-107 |
| 도개울이 어때서! | 1-47 |
| 도망치는 아이 | 1-130 |
| 도술 글자 1~3 | 2-44 |
| 독립군이 된 간호사들 | 2-115 |
| 독립운동가의 어머니, 조마리아 | 4-158 |
| 동물의 행복이 너무 멀어 | 4-132 |
| 동물학자 템플 그랜딘 | 1-193 |
| 동의: 너와 나 사이 무엇보다 중요한 것! | 1-216 |
| 두 점 이야기 | 4-173 |
| 둘이라서 좋아 | 1-228 |
| 들어와 | 4-174 |
| 따로따로 행복하게 | 1-118 |
| 딸 인권 선언 | 1-177 |
| 똑똑한데 가끔 뭘 몰라 | 4-88 |
| 뜨개질하는 소년 | 1-144 |
| 뚱뚱한 기분 | 4-101 |

## ㄹ

| | |
|---|---|
| 레고 나라의 여왕 | 1-49 |
| 레나의 옷은 당당하고 아름다워 | 3-132 |
| 로베르토 인노첸티의 빨간 모자 | 1-217 |
| 롤러 걸 | 1-80 |
| 루비의 소원 | 1-44 |
| 루스 베이더 긴즈버그의 정의를 향한 여정 | 2-114 |
| 루카-루카 | 1-76 |
| 룰스: 단 한 사람만을 위한 규칙 | 4-118 |
| 리나 보 바르디 | 2-109 |
| 리디아의 정원 | 1-100 |
| 리얼 마래 | 1-119 |

## ㅁ

| | |
|---|---|
| 마거릿, 아폴로호를 부탁해! (마거릿 해밀턴) | 1-194 |
| 마리나 | 3-105 |
| 마리들의 아주 거대하고 어마어마한 이야기 | 4-81 |
| 마리 퀴리 | 1-195 |
| 마법의 방방 | 1-145 |
| 마술 딱지 | 1-119 |
| 마일로가 상상한 세상 | 2-79 |
| 마지막 지도 제작자: 세상의 끝을 찾아서 | 4-186 |
| 막두 | 1-101 |
| 많은 사람들이 바다로 가 | 4-177 |
| 말라깽이 챔피언 | 1-78 |
| 말랄라의 마법 연필 | 1-228 |
| 말의 무게 | 2-107 |
| 말해도 괜찮아 | 1-215 |
| 망나니 공주처럼 | 1-47 |

| | |
|---|---|
| 머시 수아레스, 기어를 바꾸다 | 1-121 |
| 먼지 행성 | 4-166 |
| 멋지고 당당한 조선의 여인들 | 1-200 |
| 멋진 공룡이 될 거야! | 1-146 |
| 멋진 민주 단어 | 4-173 |
| 메리는 입고 싶은 옷을 입어요 | 1-198 |
| 명랑 춘향 여행기 | 3-73 |
| 모두의 어깨 | 4-175 |
| 모든 공주는 자정 이후에 죽는다 | 3-123 |
| 몸몸몸: 나의 몸 너의 몸 다른 몸 | 2-49 |
| 무궁화꽃이 피었습니다 | 4-122 |
| 문어 목욕탕 | 1-145 |
| 물개 할망 | 1-101 |
| 물리학의 여왕 우젠슝 | 3-135 |
| 물이 되는 꿈 | 1-131 |
| 물이, 길 떠나는 아이 | 1-50 |
| 미지의 아이 | 2-47 |

## ㅂ

| | |
|---|---|
| 바나나가 더 일찍 오려면 | 4-172 |
| 바다를 존중하세요(실비아 얼) | 1-194 |
| 바닷가 아틀리에 | 3-67 |
| 바람을 가르다 | 1-131 |
| 박완서 | 2-110 |
| 박자혜: 우리나라의 독립에 삶을 바친 간호사 | 4-157 |
| 박하네 분짜 | 4-146 |
| 밖에 나가 놀자! | 1-231 |
| 발달장애인과 함께하는 경계존중 이야기 | 4-97 |
| 발명가 로지의 빛나는 실패작 | 1-99 |

| | |
|---|---|
| 밤바다로 해루질 가요 | 2-59 |
| 밤티 마을 마리네 집 | 4-128 |
| 밥·춤 | 1-146 |
| 벌새 | 4-89 |
| 벽 타는 아이 | 3-152 |
| 변화를 꿈꾸는 곳에 시몬이 있어<br>(시몬 베유) | 3-138 |
| 별빛 전사 소은하 | 1-51 |
| 별별 동네 | 4-179 |
| 코란 듯이 걸었다 | 1-53 |
| 분홍 모자 | 1-227 |
| 분홍 원피스를 입은 소년 | 1-147 |
| 붉은신 | 2-127 |
| 블랙 걸(클로뎃 콜빈) | 1-229 |
| 비밀: 우리 모두가 들어야 하는 이야기 | 1-215 |
| 비밀 결사대, 마을을 지켜라 | 2-132 |
| 비밀 소원 | 1-119 |
| 비밀 숙제 | 2-99 |
| 비밀을 말할 시간 | 1-218 |
| 비어트리스의 예언 | 2-43 |
| 빨간 모자야, 어린이 인권을 알려줘 | 1-134 |
| 빨강, 하양 그리고 완전한 하나 | 2-101 |
| 빨강: 크레용의 이야기 | 1-173 |
| 빨강은 아름다워 | 1-76 |
| 빨강이들 | 1-45 |
| 뻥! 나도 축구왕 | 1-145 |
| 뽀득뽀득 깨끗하게 씻어요 | 3-81 |

## ㅅ

| | |
|---|---|
| 사과의 사생활 | 3-76 |
| 사라, 버스를 타다 | 1-130 |
| 사랑에 빠진 토끼 | 1-173 |
| 사랑이 훅! | 1-76 |
| 사랑은 초록 | 4-147 |
| 사랑해 너무나 너무나 | 1-173 |
| 사이클 선수가 될 거야! (알폰시나 스트라다) | 1-79 |
| 사진 속 그 애 | 1-218 |
| 사춘기 내 몸 사용설명서 | 1-77 |
| 산내리 국제 학교 1. 무궁화꽃이 피었습니다 | 4-180 |
| 산내리 국제 학교 2. 마마, 마마, 나마스테 | 4-102 |
| 산딸기 크림봉봉 | 1-129 |
| 산책을 듣는 시간 | 1-133 |
| 3초 다이빙 | 1-78 |
| 삼킬 수 없는 | 4-102 |
| 새가 되고 싶은 날 | 1-46 |
| 새로운 길을 만드는 여자들 | 3-140 |
| 색깔을 찾는 중입니다 | 4-144 |
| 생리는 처음이야 | 2-51 |
| 생리를 시작한 너에게 | 1-77 |
| 서툴고 어설픈 대단한 일꾼들 | 2-77 |
| 서프로젝트 | 1-230 |
| 선 | 1-78 |
| 선생님도 졸지 모른다 | 4-84 |
| 성냥팔이 소녀의 반격 | 3-94 |
| 성평등: 성 고정 관념을 왜 깨야 할까? | 1-178 |
| 세 엄마 이야기 | 1-116 |
| 세계 최초의 프로그래머 에이다 러블레이스 | 1-195 |
| 세상에서 가장 용감한 소녀 | 1-217 |
| 세상의 모든 나무를 사막에 심는다면 | 1-232 |
| 셰에라자드: 우리의 이야기는 끝이 없지 | 3-70 |
| 세월 1994-2014 | 4-162 |
| 소곤소곤 회장 | 2-40 |
| 소녀×몸 교과서 | 2-54 |
| 소녀들을 위한 내 몸 안내서 | 1-216 |
| 소녀들의 섹슈얼리티 | 3-85 |
| 소녀와 소년, 멋진 사람이 되는 법 | 1-176 |
| 소피가 속상하면 너무너무 속상하면 | 1-43 |
| 소피가 화나면 정말 정말 화나면 | 1-43 |
| 손 잡아도 될까?: 알 건 아는 10대들을 위한 성과 사랑 | 4-99 |
| 수상한 아이가 전학 왔다! | 1-131 |
| 수줍어서 더 멋진 너에게 | 3-79 |
| 수학에 빠진 아이 | 1-99 |
| 숨이 차오를 때까지 | 1-145 |
| 숲에서 보낸 마법 같은 하루 | 1-115 |
| 스냅드래곤 | 2-105 |
| 스무디 파라다이스에서 만나 | 2-103 |
| 스타피시 | 3-88 |
| 스텔라네 가족 | 1-174 |
| 스파이더맨 가방을 멘 아이 | 1-147 |
| 슬픈 란돌린 | 1-217 |
| 승리의 비밀 | 1-51 |
| 시인 X | 1-175 |
| 시큰둥이 고양이 | 2-78 |
| 싫다고 말하자! | 2-121 |

| | |
|---|---|
| 십 대를 위한 몸매 안내서 | 3-86 |
| 싸우는 여자들, 역사가 되다 | 1-200 |
| 쏘나기와 함박눈 | 4-83 |
| 씨앗을 지키세요(반다나 시바) | 2-112 |

## ㅇ

| | |
|---|---|
| 아기가 어떻게 만들어지는지에 대한 놀랍고도 진실한 이야기 | 1-75 |
| 아기는 어떻게 태어날까? | 1-75 |
| 아기는 어떻게 태어날까요? | 1-75 |
| 아기 동물들의 탄생 | 4-96 |
| 아기 업고 레디, 액션!(박남옥) | 3-134 |
| 아델라이드 | 1-45 |
| 아들 인권 선언 | 1-177 |
| 아라, 별을 코딩하다 | 1-100 |
| 아래층 소녀의 비밀 직업 | 3-109 |
| 아름다운 것은 자꾸 생각나 | 1-229 |
| 아름다운 탄생 | 1-75 |
| 아리에트와 그림자들 | 2-37 |
| 아멜리아 에어하트 | 1-195 |
| 아무 말도 하기 싫은 날 | 1-233 |
| 아빠 인권 선언 | 1-178 |
| 아빠는 페미니스트 | 1-116 |
| 아스트리드 린드그렌 | 1-196 |
| 아이 러브 디스 파트 | 1-175 |
| 아일랜드 | 4-87 |
| 아주 옛날에는 사람이 안 살았다는데 | 2-96 |
| 아키시: 고양이들의 공격 | 1-48 |
| 09:47 | 2-125 |
| 안개 숲을 지날 때 | 4-85 |
| 안나야, 어딨니? | 1-143 |

| | |
|---|---|
| 안녕, 그림자 | 1-218 |
| 안녕, 내 이름은 페미니즘이야 | 1-179 |
| 안녕, 알래스카 | 1-52 |
| 안녕? 나의 핑크 블루 | 1-147 |
| 알레나의 채소밭 | 1-102 |
| 알로하, 나의 엄마들 | 1-230 |
| 알사탕 | 1-115 |
| 앙코르 | 2-61 |
| 야, 그거 내 공이야 | 1-79 |
| 약속 | 1-227 |
| 양춘단 대학 탐방기 | 1-53 |
| 어느 날 그 애가 | 1-49 |
| 어느 날 장벽이 무너진다면 | 1-132 |
| 어린이가 말한다: 요즘 어린이로 산다는 것 | 4-91 |
| 어떤 말: '말'에 관한 여덟 가지 이야기 | 4-148 |
| 어린이를 위한 성평등 교과서 | 1-178 |
| 어제보다 더 따뜻한 오늘을 만들어요 | 3-93 |
| 어쩌다 보니 가구를 팝니다 | 4-90 |
| 엄마 | 1-117 |
| 엄마 도감 | 2-68 |
| 엄마라면 | 4-110 |
| 엄마와 성당에 | 4-116 |
| 엄마와 아이 | |
| 엄마 왜 안 와 | 1-115 |
| 엄마 인권 선언 | 1-177 |
| 엄마가 수놓은 길 | 2-80 |
| 엄마의 마흔 번째 생일 | 1-119 |
| 엄마의 초상화 | 1-116 |
| 엄정순의 예술 수업 | 4-125 |
| 언니를 만나는 밤 | 4-115 |
| 엎드려 관찰하고 자세히 그렸어요 (다리아 메리안) | 1-193 |
| 어멀린 팽크허스트 | 1-198 |
| 에이스가 되는 법: 어느 무성애자의 성장기 | 3-124 |

| | | | |
|---|---|---|---|
| 엘 데포 | 1-131 | 왕자와 드레스메이커 | 1-174 |
| LGBTQ로 살아가기 | 3-129 | 왜요, 그게 차별인가요?: 무심코 사용하는 성차별 언어 | 3-118 |
| 여덟 공주와 마법 거울 | 2-42 | | |
| 여름이 온다 | 2-93 | 왜왜왜 동아리 | 4-163 |
| 여성, 경찰하는 마음 | 2-62 | 요나단의 목소리 1~3 | 4-152 |
| 여자 남자, 할 일이 따로 정해져 있을까요? | 1-176 | 욕 좀 하는 이유나 | 1-47 |
| 여자가 되자! | 1-176 | 용감한 소녀들이 온다 | 1-81 |
| 여자는 정치하면 왜 안 돼? | 2-106 | 용을 찾아서 | 4-80 |
| 여자 사전 | 3-84 | 우로마 | 1-100 |
| 여자아이, 클로딘 | 1-103 | 우리 반 마리 퀴리 | 1-51 |
| 여학생 | 1-176 | 우리 아기 좀 보세요 | 1-143 |
| 연동동의 비밀 | 1-120 | 우리 엄마가 더 빨리 올 거야 | 2-58 |
| 연이와 버들 도령 | 2-92 | 우리 엄마는 고래를 몰아요 | 1-102 |
| 열세 살의 걷기 클럽 | 3-157 | 우리 엄마일 리 없어 | 1-121 |
| 열세 살의 여름 | 1-52 | 우리가 바꿀 수 있어! | 1-134 |
| 열여섯 그레타, 기후위기에 맞서다 | 1-233 | 우리가 보이나요? | 3-104 |
| 오늘 더 다정해져요 | 4-169 | 우리가 어른보다 똑똑해요 | 3-68 |
| 오늘도 구르는 중: 휠체어 위 유튜버 구르님의 단단한 일상 | 4-131 | 우리가 잠든 사이에 | 1-103 |
| | | 우리가 케이크를 먹는 방법 | 2-66 |
| 오늘보다 더 멋진 내일을 만들어요 | 3-92 | 우리는 난민입니다 | 1-134 |
| 오늘부터 배프! 베프! | 2-84 | 우리는 돈 벌러 갑니다 | 1-49 |
| 오늘 수집가 | 3-116 | 우리는 탐험가다 | 2-116 |
| 오늘은 네 차례야 | 3-114 | 우리는 페미니스트 어린이입니다 | 4-150 |
| 오늘은 도서관 가는 날 | 1-118 | 우리 동네는 접경 지역 | 4-161 |
| 오늘의 할 일 | 4-168 | 우리들의 에그타르트 | 1-49 |
| 오늘의 햇살 | 2-70 | 우리에게 펭귄이란 | 2-69 |
| 오로지 나만 | 4-113 | 우리에게는 아직 기회가 있어요! | 2-135 |
| 오, 미자! | 1-102 | 우리의 정원 | 2-134 |
| 5번 레인 | 1-80 | 우리 집에 놀러 와 | 3-103 |
| 오, 사랑 | 1-175 | 우주로 가는 계단 | 1-51 |
| 오! 이토록 환상적인 우리 몸 | 1-77 | 우주를 껴안는 기분 | 4-184 |
| 오틸라와 해골 | 3-115 | 우주에서 온 초대장 | 1-44 |
| 옥상 바닷가 | 2-81 | 우화 | 2-94 |
| 옥수수를 관찰하세요 (바버라 매클랜톡) | 1-193 | 운하의 소녀 | 1-217 |

| | | | |
|---|---|---|---|
| 워터 프로텍터 | 2-129 | 장수탕 선녀님 | 1-144 |
| 원피스를 입은 아이 | 1-144 | 장애인이 더 많은 세상이라면 | 4-135 |
| 웰컴 투 레인보우 | 3-130 | 절대로 실수하지 않는 아이 | 1-43 |
| 유원 | 1-52 | 점과 선과 새 | 4-142 |
| 유인원과의 산책 | 3-141 | 점옥이 | 4-160 |
| 은혜씨의 포옹 | 2-97 | 정년이 | 1-100 |
| 이 뼈를 모두 누가 찾았게?(메리 애닝) | 1-194 | 제인 오스틴 | 2-111 |
| 이 색 다 바나나 | 2-91 | 즈막만 한 조막이 | 1-147 |
| 이까짓 거! | 1-43 | 즌엄을 외쳐요 | 2-82 |
| 이럴 땐 싫다고 말해요 | 1-215 | 좋아서 껴안았는데, 왜? | 1-216 |
| 21-55 철공소 | 4-104 | 주민이의 동네 한 바퀴 | 4-124 |
| 이사도라 문, 학교에 가다 | 1-48 | 줄넘기 요정 | 1-228 |
| 이상한 나라의 정지오 | 1-44 | 줄리의 그림자 | 1-48 |
| 이상한 나라의 흰토끼 부인 | 4-114 | 즐거운 소음 | 4-182 |
| 이상희 선생님이 들려주는 인류 이야기 | 1-233 | 지구에 온 너에게 | 1-232 |
| 이태영 | 1-199 | 지키지 말아야 할 비밀 | 3-144 |
| 인어 소녀 | 1-218 | 진실은 힘이 세다(아이다 웰스) | 1-199 |
| 인어를 믿나요? | 1-173 | 진실을 보는 눈(도로시아 랭) | 1-197 |
| 인터넷도 하고 싶고 | | 진정한 챔피언 | 1-45 |
| 나와 지구도 지키고 싶어! | 2-133 | | |
| 일곱 할머니와 놀이터 | 2-57 | **ㅊ** | |
| 1995, 무너지다 | 4-164 | 차별 없는 세상을 위한 평등 수업 | 1-134 |
| 일등석 기차 여행 | 2-39 | 차별 없는 세상이 너무 멀어 | 4-132 |
| | | 찾지 않는 여자들 | 3-148 |
| **ㅈ** | | 책방거리 수사대 | 3-156 |
| 자개장 할머니 | 4-109 | 책의 아이 | 1-46 |
| 자꾸 마음이 끌린다면 | 1-76 | 책이 사라진 세계에서 | 3-69 |
| 자아 찾기 ing | 3-77 | 처음 만나는 여성의 역사 | 1-229 |
| 자하 하디드 | 1-196 | 첨벙! | 1-79 |
| 작은 꿈들 | | 첫사랑 | 1-174 |
| 잘 가, 안녕 | 1-231 | 청소년이 성을 알면 달라지는 것들 | 3-83 |
| 잘하면 유쾌한 할머니가 되겠어(박에디) | 3-126 | 체공녀 강주룡 | 1-201 |
| 장난이 아니야 | 3-146 | 체셔 크로싱 | 3-117 |

| | |
|---|---|
| 초콜릿어 할 줄 알아? | 1-133 |
| 최악의 최애 | 4-145 |
| 최은희 | 1-199 |
| 축구왕 이채연 | 1-80 |
| 친애하는 나의 몸에게 | 3-87 |

## ㅋ

| | |
|---|---|
| 커다란 비밀 친구 | 2-65 |
| 커다란 포옹 | 1-118 |
| 커튼 뒤에서 | 4-165 |
| 코끼리를 만지면: 엄정순의 예술 수업 | 4-125 |
| 코라와 악어 공주 | 1-48 |
| 코모도 코코의 특별한 생일 | 3-98 |
| 코숭이 무술 | 1-78 |
| 코코는 고구마고구마해 | 4-120 |
| 쿵쿵이는 몰랐던 이상한 편견 이야기 | 1-130 |
| 쿵푸 아니고 똥푸 | 1-47 |
| 퀴어 히어로즈 | 3-127 |
| 키다리 말고 엘리즈 | 2-50 |
| 키오스크 | 2-95 |
| 킹과 잠자리 | 3-125 |

## ㅌ

| | |
|---|---|
| 타세요, 타! | 4-141 |
| 타오 씨 이야기 | 4-172 |
| 태극기를 든 소녀 | 1-200 |
| 투르말린 공주 | 3-121 |
| 투명인간 에미 | 1-52 |
| 통이는 그런 고양이야 | 4-143 |
| 티나의 종이집 | 2-45 |

## ㅍ

| | |
|---|---|
| 파도의 아이들 | 4-134 |

| | |
|---|---|
| 판판판 포피포피 판판판 | 4-171 |
| 팔이 긴 소녀의 첫 번째 여성 올림픽 (루실 갓볼드) | 1-80 |
| 페퍼민트 | 2-71 |
| 펜으로 만든 괴물(메리 셸리) | 1-196 |
| 평등한 나라 | 1-177 |
| 평창 빌라 반달이 관찰기 | 4-170 |
| 폴리 | 4-153 |
| 표범이 말했다 | 2-102 |
| 푸른 고래의 시간 | 1-229 |
| 푸른 사자 와니니 | 1-50 |
| 풍선 다섯 개 | 1-118 |
| 프런트 데스크 | 3-95 |
| 프레드가 옷을 입어요 | 2-87 |
| 프리다 | 1-197 |
| 프리워터 | 3-158 |
| 플라스틱 섬 수나카이 | 2-128 |
| 플랜B의 은유 | 4-151 |
| 플로라 | 2-72 |
| 핑크 토요일 | 1-144 |

## ㅎ

| | |
|---|---|
| 하고 싶은 말이 많고요, 구릅니다 | 2-85 |
| 하늘에 | 1-227 |
| 하늘에서 동아줄이 내려올 줄이야 | 2-36 |
| 하늘에서 떨어진 아이 | 4-111 |
| 하늘을 나는 루자인 | 4-155 |
| 하늘의 독립군 권기옥 | 2-117 |
| 하얀 밤의 고양이 | 2-119 |
| 하트스토퍼 1~4 | 2-104 |
| 학교 가는 길이 너무 멀어 | 4-132 |
| 학교에 간 공룡 앨리사우루스 | 1-44 |
| 한 사람 | 3-154 |
| 할머니, 어디 가요? | 1-101 |

| | |
|---|---|
| 할머니, 우리 할머니 | 2-113 |
| 할머니와 나의 이어달리기 | 1-120 |
| 할머니의 여름휴가 | 1-45 |
| 할머니의 조각보 | 1-116 |
| 할머니의 트랙터 | 1-101 |
| 할아버지가 사랑한 무지개 | 3-122 |
| 핫 도그 | 3-153 |
| 해방자 신데렐라 | 2-41 |
| 해저 지도를 만든 과학자, 마리 타프 | 1-194 |
| 행복을 나르는 버스 | 1-129 |
| 햄스터 실종 사건 | 4-178 |
| 햇빛 캠프 | 4-137 |
| 햇살 나라 | 4-129 |
| 헌터걸: 거울 여신과 헌터걸의 탄생 | 1-50 |
| 헷갈리는 미로 나라 | 1-146 |
| 혐오와 인권 | 1-179 |
| 호두와 사람 | 4-173 |
| 혼자 갈 수 있어 | 2-35 |
| 홍계월전 | 1-199 |
| 휘슬이 울리면 | 2-53 |
| 휘슬이 두 번 울릴 때까지 | 4-172 |
| 휠체어 공주는 없어요? | 4-123 |
| 히말라야의 메시 수나칼리 | 1-79 |

『오늘의 어린이책』은 어린이를 사랑하는 마음으로 뭉친 전문가 집단의 장기 프로젝트 결과물입니다. 애써서 만든 책인 만큼 더 많은 분들이 열어 봐 주시고 관심 가져 주시는 것이 저희의 가장 큰 보람이지요. 앞으로도 폭넓은 분야에서 『오늘의 어린이책』이 활용되기를 바랍니다.

'다움북클럽이 고른 성평등 어린이·청소년책 2019-2025' 전체 도서 목록은 왼쪽 링크에서 받아 보실 수 있습니다.
본 사업의 지속성 있는 운영을 위해 도서를 구매하신 분에 한해 공개를 부탁드립니다.